開成中学合格を
サポート
成功に導く親の技術

算数くんパパ

はじめに

「早く勉強しなさい！」

以前住んでいたマンションでは、隣室からそのような怒号がたびたび聞こえてきました。その家庭は非常に教育に熱心であり、二人のお子さんは御三家と呼ばれる都内の有名中学に進学していきました。まだ中学受験を目指していない我が家にとっては「中学受験はそんなにハードなのか？」と疑問を感じたものです。

それから数年。結果として我が家も中学受験の世界に身を投じることになったのですが、この世界に入ってみるとどうやら子供に腹を立てることなんて日常茶飯事。極々ふつうのことであることを痛感しました。

もし私が友人から『中学受験をして一番良かったこと』を聞かれたら何と答えるか。

息子が開成中学に合格したこと

私はそうは答えません。最難関私立と呼ばれる名門中学への合格は、私ではなく息子の功績です。もちろん筆舌しがたい喜びを覚えましたが、志望校合格を『父親の良かった事』とすることにはどうしても違和感を覚えるのです。

中学受験を通じて息子と仲良くなれたこと

これこそが中学受験を通じて得ることができた私の最大の財産です。

我が家においてはかつての隣人のような怒号が飛び交うことはほとんどありませんでした。数えていたわけではありませんが、私が息子を叱るのは三〜四か月に一回程度だったと記憶しております。もともと私があまり腹を立てない人間であることもありますが、それ以上に声かけや教育方法に工夫を凝らしてきたことが奏功しているのだと感じています。

中学受験を終えてからツイッター上の『スペース』という音声ライブ機能で話す機会をいただくことがありました。その時に我が家の教育上のノウハウを少しお話をさせていただいたのですが、思いのほか多くのリスナーの方から好反応をいただくことができました。

子育てに正解なんてない。というより『家庭の数だけ正解がある』というのが実際のところだとは思います。そういった意味では我が家のケースがどれだけの家庭の参考になるかは全くの未知数です。しかしながら『ほとんど喧嘩することなく』『最難関私立の合格を勝ち取り』『良好な親子関係が構築された』我が家のケースは、一つの中学受験エピソードとして読む価値があるのでは？　と自負しております。

本書が中学受験を志す家庭の怒号を一回でも多く減らすことができるのであれば、この上ない喜びであります。

目次

目　次

第三章▼シーン別の中学受験サポート

目　次

第四章　我が家の勉強法

…第 0 章…

我が家における中学受験の軌跡

□先取りゼロの幼少期

地域によっては『中学受験塾に入塾するまでに公文で中学課程まで終わらせる』『低学年のうちはそろばんで計算能力を高める』など、幼少期から中学受験を見据えた勉強に取り組む家庭が多いと聞いています。

息子はこういった公文・そろばんといった先取教育には全く手をつけていませんでした。ただし頭を使うことは大好きで幼稚園の頃からオセロが得意だったこともあり、知育の一環として四谷大塚で実施していた『アルゴクラブ』に一年ほど入会していました。小学生に上がるタイミングでそのまま四谷大塚に入塾するという選択肢もありそうですが、我が家は息子が小学校に上がるタイミングで転居をしてしまったので、低学年から受験塾に入ることは結果としてありませんでした。

「アルゴクラブに入っているなら先取教育をしているのでは?」という声も聞こえてきそうですが、我が家では『先取教育』と『早期教育』は言葉として使い分けをしておりました。二つの言葉の使い分けについては第三章で詳しくご説明したいと思います。

□習い事に打ち込む低学年時代

小学校に入学して間もなく、テレビＣＭの影響で本人が『全国統一小学生テスト』を受けたいと懇願するようになりました。

「五〇音を覚えたばかりじゃ自信をなくすだけだから止めたほうが……」

なんて親の気持ちを押しのけて息子は受験をすることに。するとまさかまさかの好成績！　さすがに親もビックリし、頭には自然と中学受験の選択肢が出てきました。

しかしながら低学年からの受験塾通塾には少々抵抗感があったので『まずは通信教育』とＺ会を申し込むことに。息子はＺ会に申し込んでから初めて届く教材を心待ちにしており、届くや否や一日で一か月分の教材をやり終えてしまいました。

「これじゃ月謝を払うのがもったいない！　頭は良いほうみたいだから、中学受験をする場合は高学年からで問題ないだろう！」

と即座にＺ会を退会。学習習慣を身につけるために中学受験とは少し縁遠い補習塾には通わせましたが、特別な受験対策からは遠ざかっておりました。

その分息子は勉強とは無関係の習い事に打ち込むことになります。習い事の内容は本人特定を避けるために控えますが、とにかく机に向かう習慣はほとんどない低学年時代を過ごすこととなりました。

中学受験を本格的に考えたのは、文化祭に行ったことがキッカケです。習い事の友達の話から私立中学の文化祭に行ってみたいと言うようになった息子。親としても勉強の才能はあると感じていたので、御三家や早慶附属などの文化祭に顔を出してみました。そして私立中学、特に開成中学に魅力を感じた息子は中学受験を目指してみたいと考えるようになり、合格実績の高さからサピックスの入室を決めました。

□順風満帆とは言えない受験生時代

新四年生からサピックスに入室した息子。もともと勉強が得意であったことも幸いして、アルファ（上位クラス）でスタートを切ることができました。しかしながら勉強は得意であっても勉強習慣がついていなかったことが災いし、徐々にクラスは下降していきます。そして五年生になる頃にはアルファクラスに入れなくなりました。ただ、それでもまだ本人も親も危機感を持つに至りません。

「算数が得意だから問題ない！」

「今から気合い入れても疲れるだけ！」

とほのぼのしたムードで時間は流れていきました。

しかし五年生の夏休みが明けた頃、急激に危機感が襲ってきます。

国語の偏差値が35……。

目を疑いました。「これは調子が悪かっただけ！」と言い聞かせようとしましたが、五年生に入ってからの国語の偏差値は30台を連発していることに親子で気付きます。これは調子云々の話ではなく実力なんだ……。そう気付いた時に父親の私は息子の受験をサポートすることに決めました。コロナの影響でテレワークが多くなってきたこともあり、何とか息子との時間を捻出することが可能であったことも大きな要因です。

　こうして父子二人三脚の受験生活が始まりました。

『モチベーションの上がらない息子』『同じ間違いを繰り返す息子』『危機感なくゲームに没頭する息子』でも『開成には行きたいと言い張る息子』。そんないくつもの顔を持つ息子との一年半の生活がスタートすることとなりました。

　息子をサポートする際、親の私は何度もイライラしました。しかし、その度に思い出されるのは『はじめに』でご紹介した母親の怒号です。それを思い出す度に、「自分も怒号を飛ばしてしまったら本人のモチベーションは上がるはずがない」と自分を戒めていました。

　その戒めの中で生まれたのが我が家なりの受験サポート方法です。私は営業の世界においてはそれなりに誇れる実績を持つビジネスマンであります。コミュニケーション能力に問題がありながらも一定の営業成績を築くことができたのは、マインドセット・アンガーマネジメント・話法テクニック・心理学を駆使してきたからだと考えています。

この営業技術を応用した受験サポートは非常にうまくいきました。それが『はじめに』でご紹介した『ほとんど喧嘩することなしに親子関係を良化させた』サポート方法となります。結果として成績は乱高下があるものの基本的には右肩上がりで推移することとなり、そのままの勢いで第一志望を突破することができました。

成績面だけを見ると息子より高い水準を誇るお子さまはたくさんいらっしゃいます。しかし怒号の少なさ、親子関係の結びつきの観点で考えると、我が家はかなり上位の水準に入っていると自負しています。

次章以降ではその具体的なノウハウについて触れていきたいと思います。

…第一章…

中学受験における声かけ

この章では受験をサポートしていた時の基本的な考え方や技術などに触れてみたいと思います。

子育ては鬼ごっこのようなもので、正解を求めようとしても子供は自由気ままに逃げてしまいます。子供の逃げ方はそれぞれに違いますので、当然追いかけ方も個々に応じる必要があり、全員が同じになるものではありません。つまり、他人と同じ追いかけ方をしても、うまくいくかは全くわからないということだと思うのです。

しかし、鬼ごっこの鬼にも追いかけ方の技術はあるはずです。例えば相手に気付かれないように近づくテクニックであったり、サッカーのディフェンスのように相手と対峙した際に抜かれないテクニックであったり。そういった技術を組み合わせることで、『強い鬼』に成長していくことは可能になると思います。

中学受験のサポートも同様で、サポートのための技術を複数身につけ、それらを組み合わせていくことができればサポートがうまくいく確率を上げることはできるはずです。本章でご紹介する考え方や技術が、その一助となれば幸いです。

□親は女優・俳優になる

中学受験をサポートする際にはよく聞く言葉だと思います。この言葉は真剣に考える必要がある言葉だと考えています。

『女優・俳優になる=良い親を演じる』

言葉の意味合いはそうなると思います。そして、感情をセーブしながらそれぞれが思い描く理想の親を演じているのだと思います。しかし、やみくもに理想の親を演じても、それはただの大根役者に過ぎません。それではきっと理想の親を演じ切ることはできないでしょう。

ここで質問をしてみたいと思います。

「実際の女優・俳優になりたい場合は何をするべきだと思いますか？」

この問いについては『役者としての心構えを学ぶ』『技術を習得し練習をする』『他の演者を見

て学ぶ』『外見を良くするための努力をする』など様々な回答が出てくるのではないでしょうか？少なくとも『感情をセーブする』と答える人は皆無かと思います。

何を言いたいかというと、『本物の女優・俳優になるために必要なのは、我慢ではなく学習と稽古』ということです。もし受験サポーターが女優・俳優になることを求められているのであれば、やはり本物の女優・俳優を目指すのと同じように『心構え』『声かけの技術』『他の家庭での参考事例』などを真摯に学んでいく必要があります。

また、受験のサポートをする親は、『コーチング』『アンガーマネジメント』といった類のことを踏まえて理想の親を演じるべきです。本書においては我が家流とはなりますが、こういった内容にも触れていきたいと思いますので、ご参考いただけると大変うれしいです。

なおここで紹介する内容を読んでいると「こんな人にはなれっこない！」「自分には無理だ！」と感じることは多いと思います。偉そうにノウハウを書いている私自身もすべてを完璧にこなせていたわけではありません。ただ、実際の女優・俳優も役柄通りの人間になるわけではありません。聖人君子のような役であっても極悪非道な犯罪者の役であってもプロの技術と努力で完璧に演じ切っているはずです。受験サポートをする親が女優・俳優になるべきと言われているのであれば、我々も『理想の受験生の親』を演じ切らなくてはいけません。以降そのためのヒントをご紹介できればと思います。

□声かけの原則①　自己肯定感

受験生の親を演じる際には様々なテクニックがあります。しかし小手先のテクニックを覚える前に守らなくてはいけない原則があると考えていました。特に声かけの際は言葉の力を考えると慎重に対応する必要があるため、常に意識していなくてはいけない声かけの原則を持つようにしていました。まずはその原則の紹介からさせていただきたいと思います。

我が家が常に意識していた声かけの原則の一つが自己肯定感です。自己肯定感を増すことができればモチベーションアップにも繋がりますし、精神的にも芯が強くなる期待感があるからです。

自己肯定感を刺激するとモチベーションが上がる。これはイメージしやすいと思いますので、ここでは一歩進んで『自己効力感』という言葉を使ってご紹介したいと思います。

自己肯定感と自己効力感の違いを記しておきます。自己肯定感は『自分そのものを肯定すること』なので「自分は唯一無二の存在なんだ」「自分はオンリーワンの存在なので生きているだけで価値のある人間なんだ」というような存在そのものを肯定する時に使用する言葉と定義します。

一方で自己効力感は『自分には能力があると信じる力』であり、存在そのものではなく、自分自身の可能性を信じる力と定義します。

自己肯定感と自己効力感に優劣があるわけではありません。両方大切です。しかし、自己効力感へのアプローチは意識しないとなかなか難しいものであるように感じております。

そこで、我が家が自己効力感を高める工夫として実践していた声かけ例をご紹介させていただきますのでご参考ください。

【工夫①　算数くん】

私は受験をサポートする時にブログを書いていたのですが、ブログに登場する息子の名前を『算数くん』とし、実際に家でもふざけて算数くんと呼んでいました。もちろん算数が得意だったからその名前をつけたのですが、算数オリンピックに出るようなお子さまと比べると明らかに劣るレベルでした。そのため算数くんと名乗らせることには少々抵抗感はありましたが、「自分は算数ができるんだ！」と自信を持ってもらいたいという思いからあえて算数くんと呼ぶようにしていました。

すると効果はモチベーションアップだけでなく、精神的な強さにまで繋がるようになっていきました。具体的には算数の難問にぶつかった時、「自分に解けないはずはない！　だってぼくは算数くんなんだから！」と粘り強く問題に取り組むようになったのです。些細な工夫かもしれませんが、子供の自己効力感を刺激することができれば、子供はその能力をグングン伸ばしていけるのだと思います。

同じような方法は各家庭でも取れると思います。得意科目がなければ、得意分野に焦点を当てて『漢字王』『戦国時代の鬼』『植物の神様』のようなあだ名をつけてあげます。するとその分野については自然と負けたくないとの気持ちが芽生える可能性が高く、得意分野をさらに伸ばすきっかけになると思います。

なおこの工夫については、『プラシーボ効果』と『ピグマリオン効果』を活用したものとも言えます。

プラシーボ効果は『思い込みによって本来得られないことが発生する効果』と考えてください。偽薬を本来の薬と思って服薬した患者の症状が改善されることなどが知られています。子供に『才能がある』と信じさせることができれば、子供はその思い込みを元に能力を開花させる可能性が高まるといったところです。

ピグマリオン効果は『人に期待を寄せると、期待を寄せられた人はその期待を実現させるために力を発揮するもの』とイメージしてください。『算数くん』や『漢字王』のような才能を認めるような発言は、親が子供の才能に期待を寄せていることを示す発言とも言い換えられます。すると子供はその期待に応えようと行動をする可能性が高まることとなります。

ピグマリオン効果を期待する際の注意点は大きく二つあります。一つは認めるべき才能を過大なものとしないことで、もう一つはマイナスに働くケースもあると理解しなければいけないことです。

例えば「絶対に御三家にいける！」「塾の最上位にいけるだけの素養がある！」みたいな声かけをしてしまうと、子供本人が実現不可能と感じてしまった時に心が折れる可能性が出て来てしまう気がします。特に親が高学歴であるケースや学歴コンプレックスを持っているケースにおいては過度な期待を寄せてしまっていることが多いように感じるので、客観的に実現可能な範囲で呼び方を決める必要があると思います。

また、ピグマリオン効果の逆として『ゴーレム効果』というものもあります。これは『自分が期待されていないと認識した場合は、力の発揮を抑制してしまうもの』と理解していいと思います。例えば「お前は特に地頭が良いわけではないのだから、人一倍努力が必要だ！」みたいな言い方は『地頭が良くない』と潜在能力には期待が持てないことを伝えるメッセージとなってしまいます。仮に地頭が悪いということが事実だとしても、ゴーレム効果をベースに考えると、この声かけは子供の力の発揮を抑制してしまう危険性があることになります。

これらの注意点を踏まえ実現可能な範囲でポジティブなあだ名をつけるのも、場合によっては効果があるのかもしれません。

【工夫②　お前は天才だ。でもライバルは大天才だ】

自己効力感を高めたとしても、天狗にさせてしまっては努力を学ばせることはできません。そこで、自己効力感を高めつつも向上心・競争心を刺激するための工夫も同時に行うよう心がけました。

自己効力感を高めるために我が家では息子のことを『算数くん』と呼ぶだけではなく、しばしば『天才』と呼んでいました。その目的は『算数くん』と呼んだ時と基本的には同じなのであえての説明は省略しますが、『天才』と呼ぶ際には天狗とならないための工夫も組み込むようにしていました。

開成中学を志望すると決めた以上、ライバルたちの成績は全国トップクラスと認識する必要があります。一方で息子は国語の偏差値が35と低迷し、総合偏差値においても全く開成には届かないレベル。当然トップ層のライバルたちは雲の上の存在のように感じておりました。しかし『雲の上の存在』と言葉に出してしまったら、戦いを挑む気力が失われてしまう可能性があります。そこで行った工夫が、『ライバルたちは大天才』としたことです。息子は天才ですが、相手は一つ格上の大天才。ランクはたった一つしか違わないので、努力次第では十分に超えることができる存在だと、ポジティブに感じてもらうようにしたのです。

この立ち位置で接することは息子を持ち上げる根拠にもなりましたし、引き締める際の根拠にもなりました。成績に直結したかはもちろんわかりませんが、サポートのしやすさが増したことは間違いないと感じております。

このように自己肯定感・自己効力感を刺激することは、声かけにおいて非常に重要な原則と言えます。しかし、『自己肯定感』というキーワードは一つ大きな落とし穴があるのです。それは人間であれば誰でも自己肯定感を求めるということ。もっとストレートに言えば、受験をサポートする親もまた自己肯定感を求めてしまうのが自然であるということです。この点については次の声かけの原則で少し触れてみたいと思います。

□声かけの原則②　正論は極めて危険

「本当のことを言って何が悪い！」
「自分は間違えたことを言っていない！」

子育てに関係なくこのようなセリフはよく耳にすると思います。この言葉を表面的に捉えると『正論を言っている自分は正しい』という内容です。はたして正論を言うことは正しいことなのでしょうか？

「お前の体臭ひどいな！」
「お前太っているな！」

このような言葉は、例えそれが事実（正論）であっても大いに問題があることは明らかです。配慮がない、良識がない、思いやりがない。みなさまもそう感じられるのではないでしょうか？
では受験サポートの時はどうでしょう。

「このままじゃ第一志望に受かるわけがない！」
「サボってばかりいたら絶対に成績が落ちるぞ！」

『はじめに』で紹介した隣人のように、こうして語調を強めて子供に当たってしまうご家庭も多いことかと思います。しかし、この言葉に配慮や思いやりを感じることはできません。危機感を刺激して発奮を促すという目的があるケースも考えられますが、はたしてその成功率はどうだったでしょうか。おそらくかなりの確率で作戦は失敗に終わり、親子ともどもマイナスの感情に支配され、親子喧嘩もしくは重苦しい家庭の雰囲気になるのがオチだったのではないでしょうか。つまり、配慮のない正論は親子関係の悪化を招き、結果として学習効率が落ちることになってしまうのです。

それでもなぜ受験をサポートする親は自分を正当化するかのような発言をしてしまうのでしょうか？　それは親自身の自己肯定感が傷つかないようにするための防衛本能であり、やむを得ない当然の心情が発言の根本にあるからだと考えています。だからこの感情には原則抗うことは難しいと思うのです。

だったらせめて声かけをする時には

（×）正しいことを言う

（○）正しく伝える

といった意識を強く持つように心がける必要があると考えていました。

正しく伝える方法を考え、学ぶ。それが女優・俳優になるための第一歩であるように思います。

まずはついつい言ってしまうＮＧな言動を理解するところから考えていきたいと思います。

□声かけのNGワード①　「だから言ったでしょ！」

使用頻度が高く、それでいて最も危険と感じていた言葉がこれです。この言葉について少し考えてみたいと思います。

まずは言葉の持つ意味合いから考えてみます。この言葉は

✓親の発言内容が正しかったことを主張している
✓親に従わなかった子供に責任があると間接的に責めている

このように捉えることができる言葉です。

ここで【声かけの原則①　自己肯定感】を思い出していただき、自己肯定感という視点で改めて考えてみたいと思います。すると「だから言ったでしょ！」という発言は

✓親の言った発言内容が正しいと主張（＝親の自己肯定感を刺激）
✓従わない子供を責める（＝子供の自己肯定感を否定）

と【声かけの原則①】の真逆を行く発言になっていることに気付くと思います。さらに付け加え

るなら、自分の発言内容の正当性を主張しているので、【声かけの原則② 正論は極めて危険】にも抵触します。つまり声かけの原則から完全に逸脱をしてしまっている発言になっているので、極めて危険な発言だと思うのです。

例えば日頃から「勉強をしないとクラスが落ちる」と言っていて、案の定クラスが落ちてしまった例で考えてみましょう。

(親)「だから言ったでしょ!」
(子)「わかった! 次からはお母さんの言う通りにする!」

このように極めて素直なお子さまを持つレアケースを除けば、正論を突きつけられた上に自己肯定感を傷つけられた子供は反論できずに黙り込むしかなくなってしまう気がします。

ではこのケースではどのように対応したら良かったのか? もちろん家庭の状況によって複数の正解はあると思いますが、例えば次のようなステップを踏むのはどうでしょうか?

《ステップ①》　親の注意喚起が甘かったことを詫びる

「もっと伝わるように言ってあげられたら良かったのに、声かけが不十分でゴメンね」
「もっと伝わるまでちゃんと言えば良かった！　なんか悪かったね……。」

みたいな声かけです。もちろん内心は「何度も注意喚起したのに（怒）」となっているのですが、ここは台本をもとに演じ切ることで女優・俳優になることを目指してください（もちろん家庭ごとに多少のアドリブを入れてください）。

この声かけを受けた子供はおそらく何らかのことを感じるはずです。もしかすると

「お母さん（お父さん）は繰り返し注意喚起をしていたのに謝らせてしまった……。悪いのは自分なのに……。」

と感じてくれるかもしれません。そこまではいかなかったにしても、

「あれ？　怒られると思ったら逆に謝られた？」

と少しリラックスをさせることができるかもしれません。これができたらお子さまに聞く姿勢が整っている可能性が高いので、次の『ステップ②』で未来に向けての作戦会議を始めましょう。

《ステップ②》　反省を踏まえて対策を考える

ステップ①で子供の聞く姿勢が整ったのなら

「次回は同じようにならないように一緒に考えない？」

とシンプルな相談を持ち掛けます。お子さまはこの問いかけに対して、いつも以上に真剣に考える可能性が高まっていると思います。理由はステップ①で親がある程度の失敗を認めているため、将来の対策における話の主導権が子供側にある構図になっているからです。

このような話の進め方は子供の『自主性』を促す方法の一つだと思います。稀に『自発的』と

『自主性』が混同している議論があるように感じておりますが、『自主性』は言葉通り『自らが主体となる』という意味ですので、『自ずと発せられる』自発的とはまったく異なる意味だと理解していました。で、今回は子供に主導権を渡すことができているので、自発的ではないが自主的に考える機会を提供することができたという結果になっていると思うのです。中学受験よりもっと広義の教育においても活用ができる話の進め方のように感じております。

【例外の紹介】

実は例外的に「だから言ったでしょ！」が使えるケースがあります。それは『子供が親を褒めている時』です。

「お母さんが予想していた問題がテストに出たよ！　ありがとね！」

「だから言ったでしょ～（ドヤ顔）」

といったイメージです。この例は子供が親の自己肯定感を刺激するような発言をしてくれているので、この時ばかりは思い切り甘えて天狗になるくらいのほうが、受験生活は楽しめると思います。

□危険な言葉「なぜ？」

よく育児・教育関連の本を読んでいると、『子供の「なぜ？」を大切にしましょう！』といった内容を目にします。このこと自体は大賛成なのですが、「なぜ？」という言葉は非常に危険性を伴う諸刃の言葉だと考えて使用するようにしていました。

我が家の「なぜ？」の捉え方を紹介いたします。

【自分の心の中で使う「なぜ？」】

これは好奇心の現れだと考えていました。「なぜ空は青いんだろう？」「なぜ世界から戦争はなくならないのだろう？」こういった好奇心を大切に育てることの尊さは、誰の目から見ても明らかなのではないでしょうか。この意味で先に挙げた『子供の「なぜ？」』は大切なのだと思うのです。
また、勉強関連では子供自身が間違えた問題について「なぜ間違えたのか？」と自問するのは素晴らしいことだと思います。受験サポートをする親としては、ぜひそのような感情を促せるように意識したいものです。しかし、その感情を強制するのは大変に危険です。その理由は次でご説明したいと思います。

【自分以外の人に使う「なぜ？」】

これは『相手に回答を要求するもの』と捉えるのが妥当だと思うのです。基本的に受験をサポートする場合は、こちらのケースのほうが圧倒的に多くなると思います。具体的に例を挙げてみたいと思います。

「なぜこんな簡単な問題が解けないの？」

この言葉を受け取ったお子さまはどう思うでしょう。この言葉の表面的な意味は『平易な問題にも関わらず正解できなかった理由を教えてください』となります。そしてその質問の回答を求められるということは、答えづらい回答を急かされている状態なのでお子さまはおそらく回答に窮することになるでしょう。

「そんなのこっちが知りたいよ！」
「バカで悪かったな！」

そうやってお子さまを感情的にさせてしまったらお子さまの自己肯定感、というより自己効力感を大きく損ねてしまいます。これは【声かけの原則①　自己肯定感】に反してしまっているので、親のサポートミスということになります。お子さまによっては厳しい言葉をかけられることで発奮して逆に頑張るケースもあるのでしょうが、おそらくそれはレアケースかと思います。

中学受験をする子供は当たり前ですが小学生です。発奮を促すような厳しい声かけで教育するのは中学生からでも遅くはないと思います。実際息子は開成の様々な教育の中で、強くたくましく成長してくれています（部活ももちろんですが、開成名物の運動会も息子を強くしてくれています）。

こうしてみると『自分以外の人に使う「なぜ？」』は使用を控えたほうがいい言葉のようにも思えますが、実は例外があると思って息子と接していました。その例外は

相手が喜ぶ質問の時

です。

「なんでこんな難問が解けるの？」
「なんで一回の説明で理解できちゃうの？」

こういった言葉をかけられた子供の気持ちを想像してみてほしいのです。私も息子にこのような「なぜ？」を多く投げかけてきたのですが、

「天才だから♪」
「たまたまだよ～♪」

と非常にいい表情を浮かべて返事をしてくれていました。このように相手が喜ぶ質問に「なぜ？」を使うと、その言葉の意味は『あなたの素晴らしさは私の理解を超えているからぜひ教えてほしい』となります。この質問であれば当然お子さまの自己肯定感は満たされることになると思うのです。

このように使用勝手が難しい「なぜ？」については

ステップ① 使用を控える
ステップ② 相手が喜ぶ質問の時だけ使う
といったように段階を踏んで効果的に使えるようトレーニングすることが重要と考えます。

危険な言葉「なぜ？」

自分の心の中の「なぜ？」

◆好奇心の現れ

・なぜ空は青いのだろう？
・なぜ戦争はなくならないのだろう？
・この問題をなぜ間違えたのだろう？　等

どんどん伸ばして好奇心・知識力旺盛なお子さまに!!

自分以外の人に使う「なぜ？」

◆相手に回答を要求するもの

★☆ネガティブな「なぜ？」★☆

・なぜこんな簡単な問題を間違えるの？
・なぜ何度も同じことを言わせるの？
・なぜ宿題をやらないの？　等

子供を責める状況で使用すると追い詰めてしまう危険性が!!

★☆ポジティブな「なぜ？」★☆

・なぜこんな難問を正解できるの？
・なぜ一回の説明で理解できちゃうの？
・なぜひっかけ問題に騙されないの？　等

子供を褒める状況で使用すると自己肯定感を刺激することに!!

◇◆ネガティブな「なぜ？」は危険を伴うので注意が必要!!◆◇

□声かけのＮＧワード②　「何度言ったらわかるの？」

危険な言葉「なぜ？」の悪い使用例という意味もありますが、この言葉は別の意味でも危険だと思っていました。理由は考えることの放棄です。

「何度言ったらわかるの？」の言葉からは『同じことを何回も言っている』という状況が推察されます。もちろん繰り返し同じことを伝えることも重要な技術の一つだとは思うのですが、親がイライラするくらいに伝わらないのであれば、二つのことを考えなくてはいけないことを示します。

①子供の理解力が足りていない
②親の伝え方が子供にあっていない

もし①が理由なのであれば、これはそもそも中学受験を再考する必要があります。中学受験の道以外にも魅力的な道はたくさんありますし、大学進学の道に限定をしたとしても勉強に対する適正は十二歳時点と十八歳時点では大きく異なることもあると思います。

問題は②のケースです。同じ伝え方を繰り返しても子供にうまく伝えることができていないと感じた時は、親は『今までの伝え方では子供に伝わらない』と理解すべきであると思います。例えば左右の漢字の書き順を「左は横から・右は縦から」と何度言っても覚えられない場合は、「三書目までは交互になる」「左は左から書き始めて、右は右上から書き始める」といった伝え方では伝わるかもしれません。

　このように考えると、「何度言ったら……」と考えるよりは、「何通りの説明の仕方を試しただろう？」と考えるほうがよっぽど健全だと考えておりました。そしてその後に子供に響きやすい伝え方を考え、取捨選択する。もし響きやすい話法が思い浮かばないのであれば、塾の先生などにアドバイスを求める。このステップができているかをしっかり考える必要があると思います。

□注意を要する『ダブルバインド』

『ダブルバインド』の問題をざっくりと説明すると『矛盾する二つのメッセージを受け取ると大きなストレスを感じる』といったイメージでしょうか。日本語では『二重拘束』というそうです。重要なのはダブルバインドは統合失調症の原因の一つと考えられているということです（証明されていないようなので断定はできないですが）。

少し漠然とした話なので中学受験で例を挙げてみます。

（親）「わからない問題があったら何でも質問してね！」
（子）「わかった！」
・・・問題に取り掛かって数分後・・・・
（子）「この問題がわからないから教えて！」
（親）「少ししか考えてないじゃないか！　もっとよく考えてから質問しなさい！」

この例だと『わからない問題があったら質問をしてOK』というメッセージを伝えておきながら、実際に質問を受けたら『よく考えてから質問をしろ』とのメッセージを投げかけています。そして子供の立場からすると「質問していいと言われたから質問をしたのに、怒られるなんて矛盾している！　理不尽だ！」とストレスを感じることとなってしまいます。これがダブルバインドです。

少なくともこういった場合、親は最初の発言に責任を持つ必要があり、それ以降の発言内容は最初の発言時と同じ立ち位置を取り続けることが重要になります。そのため先ほどの例では、子供の質問に真摯に応じるのが原則となります。もし『すぐに質問をするのは良くない』という考えがある場合は、初回の質問に真摯に応じたうえで『次回は少し考えてから質問をするようにする』という新たな約束を設けるなどの方法を取るべきだと思います。質問に対して『解答を教える』ではなく、『ヒントを与える』という立場で接する方法ももちろん有用な方法の一つとなりうるでしょう。いずれにせよ『もっと考えろ』とダブルバインドを作らないことが絶対の条件となります。

受験から少しだけ外れますが、以下の例でも同じです。

（親）「なんで約束を破ったの？　怒らないから理由を聞かせてくれる？」

（子）「なんとなく……」
（親）「そんな理由で約束を破るなんて、約束を軽く考えるんじゃない！」

大切な約束を軽く捉えることに対して厳しく指導することは確かに必要かもしれません。しかし、はじめに『怒らない』と伝えているにもかかわらず怒ってしまってはダブルバインドとなってしまいます。約束を破ってしまった理由が重大な犯罪行為などであるなら話は別ですが、大原則としてこのケースで怒るのはＮＧとなります。

約束を破るのは倫理道徳に反しているとの反論もありそうですが、ダブルバインドは統合失調症等の原因の一つとして考えられていることを踏まえて言葉を選ぶべきだと考えます。中学受験をサポートしていると様々な親子間会話が生まれると思います。そして感情的になってしまう状況も多々あるかと思います。その時には先に挙げたＮＧワードを使用しないこととあわせて、ダブルバインドを生まないように心がけることも極めて大切になってくると考えます。

□サンドイッチ話法

声かけの際に頻繁に意識していた話法となります。サンドイッチ話法の簡単なイメージは『褒める』→『言いたいことを伝える（苦言的な内容）』→『褒める』という形で、伝えたいメッセージを褒める言葉で挟むものとなりますが、そのテクニックの一つ一つに意味を込める形で話を組み立てていました。以下サンドイッチ話法の詳細な考え方について触れていこうと思います。

【最初に褒める意味〜初頭効果〜】

サンドイッチ話法で最初に褒める目的は初頭効果を利用するためです。初頭効果を簡単に説明すると『第一印象が全体のイメージを決定づける』といったものです。

人間関係全般でも第一印象がその後のイメージに大きく影響すると思います。第一印象に繋がり得る『見た目の清潔感』『挨拶』『身だしなみ』といったことが重要視されるのは、この初頭効果の観点からも合点がいくと思います。つまり出だしのイメージ戦略は極めて重要ということです。そしてそれは受験サポート時の声かけでも同じだと思うのです。

例えば、厳しいテスト結果を受けて子供の気持ちを切り替えるための声かけを行うケースを考えます。

①厳しい表情と口調で声かけを始める

②和やかな表情と口調で声かけを始める

どちらのケースが良いかはケースバイケースだと思いますが、声かけをどのような雰囲気で始めるかによって全体の印象が変わってくることは大人側が理解しないとなりません。

受験サポートにおいては、『②和やかな表情と口調で始める』のほうが有効なケースが多いように思います。なぜならもし自分が子供の立場だったら、立腹モードになっている親の小言は聞き流して精神的なダメージを軽減させようとするからです。

おそらく私以外の多くの方も同様で、どんなに親が正論をぶつけてきたとしても真摯に受け止めようとはせず、嵐が過ぎ去るのを待とうとすると思うのです。仮に子供が立腹モードの親の言葉を聞いたとしても、それによって反省に繋がることはレアケースだと思います。おそらくは『心を入れ替えたのではなく、怒られないことを目的に次回からは言うことを聞く』という状態になるのだと思います（それって教育上良くないですよね？）。

　このような状態に陥らないためにも、声かけの際には初頭効果で子供をリラックスモードに導き、聞く姿勢を作るよう努力していました。本題である伝えるべきメッセージには厳しさが伴うので、その厳しさを受け止めるだけの精神状態を作る必要があると考えていたからです。

　厳しいメッセージを伝える際には和やかなムードは必要ないとの意見もあると思いますし、その意見もごもっともだとは思います。しかし重要なのは『子供がメッセージをちゃんと受け取ること』なので、それを軸に親は伝え方を取捨選択する必要があると考えました。厳しいメッセージは厳格なムードで伝えたいのであれば、初頭効果でリラックスムードを作った後に切り替えれば問題はないはずです。その切り替えは非常に難しいと思いますが、そういったことに対して試行錯誤したり他者を真似たりすることが『女優・俳優になるための稽古』なのだと思います。

　しかし「褒めるポイントが全くない！」といった時も多々あると思います。サンドイッチ話法の基本的なスタートは褒めることなので、褒めるポイントがないのは大きな問題になりそうに思えます。

　そういった時は初めに褒めることの目的を思い出していただければと思います。最初に褒める理由は『初頭効果を利用して子供の聞く姿勢を作ること』にあります。つまり具体的に褒めるポイントがないのであれば、雑談の中でリラックスムード（聞く姿勢）を作れれば問題はないのです。『今見ているテレビが面白い』『今日のご飯がおいしかった』そんな話で構わないので子供に『親は感情的になっていないこと』を伝える努力をしてみてほしいと思います。それは子供をリラックスムードに導き、その後の厳しいメッセージを受け止めるための『聞く姿勢づくり』に少なからず貢献するからです。

「今日のテレビめちゃくちゃ面白いね！」
「そうだね！」

・・・しばし雑談

「ところでちょっと真面目な話があるんだけど少し時間いい？」
（厳格なムードへの切り替え）

こんな流れで話を進めれば、『親は感情的になっていない』と印象付けることができます（感情を抑えてテレビの話をするのはつらいですが、それこそが大人の役割と割り切っていました）。

「ちょっとテレビを消せ！　今日のテスト結果わかっているのか！」

みたいなスタートと比較すると、伝えたいメッセージの伝わる率は格段に違うと思うのです。

繰り返しとなりますが、初頭効果は伝えたいメッセージを受け止める姿勢づくりとして非常に重要なポイントとなります。もし今後の受験サポートで声かけがうまくいかなかった場合は、初頭効果がプラスに働いていたかマイナスに働いていたかを振り返るようにしてみると、次回以降の声かけに繋げていくことができるようになると思います。

蛇足ですが『①厳しい表情と口調で声かけを始める』ほうがいい例ももちろんあると思っています。その代表格が『倫理道徳に明確に反している』といったケースです。ただし倫理道徳に『明確に』反しているかの判断は非常に難しい（叱る事象の事実認識について親が勘違いしているケースが少なくない）ので、やはり厳しい表情と口調で声かけを始めることには慎重になる必要があると思います。

【メッセージの伝え方～第三者話法～】

具体的なメッセージの使え方で最も大切なのは、『声かけの原則』や『声かけのＮＧワード』を意識することだと思います。それさえできていれば声かけのテクニックに大して意味はないと思います。『メッセージは端的にまとめて短時間で終わらせる』『一度解決した過去の問題を不必要に掘り返さない』などの極々基本的なことを守りさえすれば、伝え方のテクニックは枝葉に過ぎません。ここでは、一つだけメッセージの伝え方として有名でありながらも、うまく使える人が少ないと思われるテクニックについて少し深掘りしてみたいと思います。

そのテクニックは『第三者話法』というものです。第三者話法を簡単に説明すると『権威のある第三者の話を引き合いに出して伝える内容の信頼度を高める方法』となります。中学受験で応用するなら、権威のある第三者としてはカリスマ講師や成功者などが挙げられるのではないでしょうか。

「有名な先生が○○をやると言ってたよ！」

「△△中に受かった人はこの時期10時間勉強していたらしいよ！」

このような話法で、親が立てた学習プランなどを子供に課すことは少なくないように思えます。第三者話法で言葉に根拠を持たせているので、場合によっては言葉に説得力が増し、結果として子供にうまくメッセージが伝わるケースもあるように思います。

しかしこのケースを繰り返すと子供は間違いなく『親にやらされている』と感じるようになると思っていました。少なくとも『じゃあ自分もその通りにやる！』とポジティブになるケースはレアなのではないでしょうか？

そのため第三者話法を使う時は『最後に子供の意見を求める（質問する）』というのが我が家流のテクニックでした。

「有名な先生が○○をやるといいって言ってたよ！　××（子供の名前）はどう思う？」

「△△中に受かった人はこの時期10時間勉強していたらしいよ！　××（子供の名前）はどう思う？」

のような形です。

意見を求められた子供は、権威のある第三者のノウハウを踏まえた上で回答を求められているわけですから、見当外れな回答はできません。もし問いに対する子供の回答が第三者話法で伝えた内容を肯定するものであれば、親としても提案内容を実行しやすくなります。例えば先の例で続けてみると

「有名な先生が○○をやるといいって言ってたよ！　××（子供の名前）はどう思う？」

「その問題集、確かにやれば力が付きそうだね！」

「じゃあやってみる？」

というイメージです。


　このケースでは子供も該当の問題集を高く評価しているので、その問題集を勧めることは子供自身の意見を尊重していることにも繋がります。少なくとも『親にやらされている』という印象は一定程度少なくさせることができると考えております。

　しかし当然毎回うまくいくものではありません。その場合は子供の意見から解決策を一緒に探すようにします。


「△△中に受かった人はこの時期10時間勉強していたらしいよ！　××（子供の名前）はどう

思う？」
「そんな長時間勉強できるわけないじゃん！」
「だったら何時間くらいだったらできそうかな？」
みたいな形で問題提起をします。

ここで出てきた回答もやはり子供の意見でありますので、『親からやらされている感』を一定程度減らすことに繋がります。親の希望である10時間には届かないと思いますが、子供の主張を尊重するところから始めたほうが自己肯定感を刺激することになるので、我が家としてはそれで良しとしていました。

なお第三者話法においての注意点としては『誰を第三者とするか』という問題があります。『有名な学習塾の先生』『受験に成功した人の体験談の引用』『脳科学者』などは比較的簡単に信用を得やすい方々ですが、『リアルな友人』『親の幼少期』などを引き合いに出す時はかなり注意が必要です。

我が家の場合だと『リアルな友人』を親のほうから引き合いに出すことは基本的にしませんで

した。子供本人が自分より優秀な友達を自慢してきた時には、きっかけが子供側にあるので「友達のやり方すごいね！　××（子供のこと）もそう思わない？」みたいに切り返すことはありましたが、親から積極的にリアルな友達を引き合いに出すことはしませんでした。
　今ご紹介した子供が友達自慢をしてきた時の切り返しのポイントは、『親のほうからリアルな友人を引き合いに出していない（場合によっては友達との比較を誘発してしまうため）』と『子供が自慢したリアルな友達を褒めるようにする（子供は自分の友人を否定することを嫌がるケースが多いと感じるため）』ということです。

『親の幼少期』と比較する場合については、子供の否定に繋がらないような配慮が必要と考えていました（そもそも親は第三者ではありませんが……）。【声かけの原則①】でも挙げた通り、親も自分自身の自己肯定感を求めてしまう場合があるので、「お父さんはもっと勉強していた！」みたいに子供より自分が優れているかのような発言をしてしまうことも少なくないように思えます。つまりは【声かけの原則①】で注意喚起した通り、『子供の自己肯定感より親の自己肯定感を優先させる行為』となる可能性があるので、親の幼少期を引き合いに出すのは大変危険な行為となります。もし親が自分自身の体験をベースに話をしたいのなら、成功体験ではなく失敗体験を引き合いに出すことが無難だと思います。どうしても子供に自分の成功体験から学びを得てほしいのであれば、「自慢に聞こえたらすごく悪いのだけど」といった断り文句を付けた上で極々まれに使用するのがギリギリの使用ラインだと考えていました。

第三者話法は親の発言内容の説得力を増す効果が期待できますが、一方で使い方を誤ると『親にやらされている感』を生み出すリスクがあります。しかし、最後に子供に意見を聞くように心掛けるだけで第三者話法は『対話のための材料』と変わるため、子供の考えを尊重するきっかけ作りができるようになると思います。

【メッセージの伝え方と最後に褒める意味～ピークエンド効果～】

サンドイッチ話法の締めくくりは会話の終わらせ方です。日常会話なら会話の終わらせ方に意識を働かせることは少ないと思いますが、大切なことを伝える際には非常に重要になってくると思います。

ピークエンド効果という言葉があります。この言葉を簡単に説明すると、『一連のでき事全体の印象は、最も印象深いこと（ピーク）と終わり方（エンド）の二つが大きく関わってくる』というものです。映画などの印象も、最も盛り上がった場面とエンディングが良ければ全体の印象は自然と良くなると思います。見方を変えれば、ピークとエンド以外の重要度は下がってしまう可能性があるということです。

もしメッセージの受け手（受験の場合は受験生である子供）はピークとエンドの二つ以外あまり響かないという前提が成り立つのであれば、メッセージの伝え手はそれを意識して声かけをしないといけません。

はじめに『ピーク』について考えてみます。いま説明をしている【サンドイッチ話法】におけるピークは、伝えたいメッセージを指すと考えていただいてよろしいかと思います。もし伝えるべき内容が複数あったとしたらどうでしょう。きっと子供はそのうちの一つか二つしか記憶しないように感じます。何が言いたいかというと、『子供への声かけで一度にたくさんを伝えようとしても、子供はそのほとんどを忘れてしまう』ということなので、『伝えるべきメッセージは簡潔もしくは印象的に伝える必要がある』ということです。

次に考えるのが『エンド』についてです。受験サポートの声かけの締めくくりは、子供のモチベーションアップに繋がる内容とするのが最も大切なことだと思います。伝えられた内容（ピーク）を理解し行動の変化に繋げることができれば、きっと大きく成長できる。そう子供に感じ取ってもらうことができれば、ピークエンド効果は最大限に威力を発揮するのだと思います。

ただしモチベーションアップに導く言葉として注意を要する言葉もあると考えます。具体的には『断定的な将来の約束』です。例えば

「○○をやれば次回のクラスアップは間違いないから頑張ろう！」

「このプランをやれば絶対合格ラインに届くから頑張ろう！」

のような締めくくりにすると、子供は期待とともに過度なプレッシャーを感じる恐れがありますし、何よりその成果が得られなかった時に親の信頼を失う可能性があるので、リスクを伴う声かけになってしまいます。

だからモチベーションを上げる際には、子供と将来の姿を想像した上でプラスのメッセージを軽く添えるようにしていました。

「○○をやって弱点補強ができたら結構レベルアップしそうじゃない？　そしたら次のテストではいい線いくかもしれないから、いっちょやってやろうぜ！」

くらいのレベル感です。

【これらを繋げた『サンドイッチ話法』】

ここまでお読みいただいたのであれば、サンドイッチ話法の効果はおわかりいただけると思います。

①初頭効果を利用して子供の聞く姿勢を作る
②ピークエンド効果の『ピーク』を効果的に行う
③ピークエンド効果の『エンド』でモチベーションを上げる

といった三工程を踏む話法テクニックになります。

具体例として組分けテストの当日、自己採点結果がボロボロだった時を考えてみます。

自己採点が悪いにも関わらず子供が解き直し等に着手しなかったり危機感を覚えているように見えない場合、当然親はイライラすると思います。ここで「当日中に解き直しをしなさい！」と雷を落とすと、『初頭＝ピーク＝エンド＝苦言』となり、子供に精神的なダメージを与え、効果的なメッセージを伝えることができない可能性があります。

このリスクを回避するためにもイライラする気持ちを抑え、サンドイッチ話法を組み立てるように頭を働かせます。

冒頭は「長時間のテスト疲れたよな?」と結果ではなくその日の頑張りを労ったり、「結果が厳しいとショックだよな……」と同調するなど、子供の聞く姿勢作りに専念します。親の感情的にそれらが難しければ、テストのこととは全く関係ない楽しい話題（テレビや食事など）で気持ちをスッキリさせるのもありだと思います。

聞く姿勢ができた後は各家庭で伝えたいことを可能な限り手短に伝えます。

ここではできるだけ子供の気持ちに配慮して言葉を選ぶのがポイント。あくまでも子供が主体であり、親の感情をぶつける要素は極力減らさなくてはいけません。ただし、サンドイッチ話法では声かけのはじめと最後をプラスのメッセージで挟み込むようにしているので、多少の苦言はオッケーだと思っています。

そして最後はプラスのメッセージで締めくくります。断定的な話ではなく、成長する可能性を共有するのがオススメです。「ほとんどの人は当日の解き直しなんてできないんだから、あとひと頑張りしてゴボウ抜きしようぜ！」みたいな形です。

プラスのメッセージをどう伝えるかはなかなか難しいですが、声かけにおいて大切なのは『伝えたい内容』を『どのような方法で伝えるか』なので、頑張ってプラスの要因を探すのが親の務めだと努力をするようにしていました。

今回のサンドイッチ話法は、含まれる要素をしっかり理解すればかなりの場面で使えるものなので、受験サポーターとしてはぜひともマスターしたい技術であると思います。

サンドイッチ話法の概要

◆伝えたいメッセージをポジティブワードでサンド!!

《ステップ①》

聞く姿勢づくり

- ・初頭効果の利用
- ✔ポジティブさを演出
- ✔リラックスムードを演出

《ステップ②》

伝えるメッセージ

- ・ピークエンド効果の『ピーク』
- ✔少々の苦言はオッケー
- ✔第三者話法などの活用
- ✔短く簡潔に

《ステップ③》

モチベーションアップ

- ・ピークエンド果の『エンド』
- ✔モチベーションアップで行動の変化を促す

◎初頭効果とは

第一印象が全体のイメージを決定!!

◎ピークエンド効果とは

一連の出来事は最も印象深いこと（ピーク）と終わり方（エンド）に左右される!!

□メラビアンの法則

ここまで話法を中心とした内容をご説明してまいりました。しかしながらコミュニケーションの世界においては『メラビアンの法則』という有名な法則があります。メラビアンの法則を簡単に説明すると、コミュニケーションに影響する割合は

・視覚情報（見た目の情報）……55％
・聴覚情報（声などの情報）……38％
・言語情報（言葉の情報）……7％

であるとするものです。この原則に従うと、ここまでご説明したような『話す内容』は言語情報となるため、たった7％の影響しか与えないことになってしまいます。わずかにしか影響を与えない言語情報より、非言語情報（視覚情報と聴覚情報）のほうが重要であるとの考えも成り立ちそうです（自己啓発セミナーなどではこの立場を取るものが非常に多くあります）。

しかし、メラビアンの法則を正しく理解するには、『言語情報と非言語情報に矛盾があるメッセージを受け取った場合』という前提まで理解をする必要があります。

矛盾したメッセージとは、例えば『顔を赤らめながら、消え入るような声で「バカ」と言った』のようなケースです。この場合は言語情報（バカ）は明らかにマイナスとなりますが、視覚情報（顔を赤らめている）と聴覚情報（消え入るような声）は目の前の相手に好意を示すものとなり、言語情報と非言語情報に矛盾が生じています。このような場合においては言語情報より非言語情報の影響が強いとするものがメラビアンの法則の正体です。

メラビアンの法則を理解したうえで意識をしなくてはいけないことは、選び抜いた言語情報を伝える際には必ず非言語情報との一致を意識することです。それができなければいくらプラスの言語情報を発したところで、マイナスの非言語情報によって打ち消されてしまいます。

特に勉強を促すような言語情報は、非言語情報との矛盾が生じやすいものです。厳しい表情と口調で「あなたのために言っているんだよ！」と発してしまったら、言語情報は『あなたのため』であり、非言語情報は『親の言う通りに行動をしていない姿を見ることでイライラしている』となるため、矛盾が生じている状態となります。こうなってしまったらメラビアンの法則により子供には親のイライラが伝わってしまうので、『子供のため』のニュアンスが伝わらなくなってしまいます。

本章でいくつかご紹介した声かけ話法を実践する際には、ぜひメラビアンの法則を意識し、言語情報と非言語情報が一致しているかを振り返りながら行っていただければと思います。それが疎かになってしまうと、声かけの効果は大きく下がってしまうと思われます。

…第二章…

中学受験における
アンガーマネジメント

この章では中学受験をサポートする際の、アンガーマネジメントについて触れてみたいと思います。

私が本格的に受験サポートをした約一年半の間、おそらく感情的になったのは片手で数えられる程度であったと思います。もともと怒らないタイプの性格であることもあるのでしょうが、いくつかの心構えや工夫は意識していたつもりであります。ここではその時の心構えなどについて少し紹介できればと思います。

一般的なアンガーマネジメントである『6秒ルール（怒りを感じてから冷静さを取り戻せる時間は一般的に6秒ぐらいかかるので、怒りを感じたら心の中で6秒を数えて冷静さを取り戻す）』といった内容にはあまり触れません。基本的には中学受験のサポートに焦点をあてた内容をご紹介したいと思います。

□良かれと思ってやることの9割は余計なお世話

親が行う中学受験のサポートは、基本的にすべて『子供のため』であると思います。『復習しやすいようにテキストをまとめる』『部屋をキレイにして集中しやすい環境を整える』『子供に少しでもいい勉強方法を伝えられるよう親が情報収集をする』。そういった親の努力は、子供の志望校合格に向けて少しでも力になりたいという気持から来るものだと思います。

一方で『親が整理したテキストはかえって見づらい』『部屋を勝手に片付けられたからプリントの場所がわからなくて逆に困った』『親が教えてくれた勉強方法は塾で習った方法と違うから逆に混乱する』など良かれと思ってやった行為が、親子喧嘩の火種になってしまうことも少なくないのではないでしょうか。

我が家では良かれと思ってすることが親子喧嘩の火種とならないよう、常に『良かれと思ってやることの9割は余計なお世話』と自分に言い聞かせるようにしていました。その考え方がしみついてくると、少し感情が変わってきます。

「○○をやればきっと子供のためになるから、頑張ってサポートしよう！」

そう思って頑張った行為が、子供の役に立たないどころか逆に子供を不快な思いにさせてしまった場合、それが余計なお世話の可能性が高いとの認識がなければ

「良かれと思ってやったことなのに！」

と親も感情的になってしまうと思います。

しかしサポートが余計なお世話である確率が極めて高いと覚悟していれば、

「多分○○をしても余計なお世話なんだろうな……。でも、もし役立ったら嬉しいな。」

そう思ってサポートをするように気持ちを切り替えられるのです。すると子供に不快な思いをさせてしまったら

「やっぱりか！」

と受け入れやすくなりますし、逆に子供に喜ばれたら

「今回はサポート成功！」

と1割の正解を喜べるようになる可能性が高くなります。

正直なところ私自身その境地に至っている訳ではないのですが、『良かれと思ってすることの9割は余計なお世話』と考えることによって、少なくとも『良かれと思ってやったこと』に文句を言われてもかなり動じない心を持つことができるようになりました。

もし受験のサポートをしていて『良かれと思ってやったこと』が原因で親子喧嘩になった経験が多いご家庭は、一度『余計なお世話をしている』とマインドセットする努力をしてみることをオススメいたします。

□怒るタイミングを考える

中学受験のサポートをする時イライラした瞬間に雷を落とすケースもあれば、少し我慢をしたうえで雷を落とすケースもあると思います。しかし雷を落とすタイミングについては子供目線で状況を考え、少々我慢の限界をのばす努力をすることも必要だと考えていました。

例えば夕食後に子供がくつろぎながらテレビを見ている時、「20時になっても勉強をしなかったら厳しく注意をしよう。」と考えていたとします。しかし、子供は20時になっても全く勉強に手をつけようとせず、バラエティー番組を見ながらゲラゲラ笑っています。こういった時はついつい

「いつまでテレビ見ているつもりなの！　もう20時になったから勉強始めなさい！」

と雷を落としてしまうケースは少なくないと思います。そもそもこの声かけ自体が第一章でご紹介した『「なぜ?」の悪い使用例』に近い状態なので、非常にうまく回らない言葉なのですが、声かけをするタイミングが適切であったかにも疑問が残ります。

例えば子供がテレビで野球番組を見ていたとします。ＷＢＣの決勝（日本対アメリカ）。九回裏で大谷翔平があと一人からアウトを奪えば日本が世界一になるというクライマックスです。そのタイミングで子供が勉強しようと計画していた時間が到来。果たしてどれだけの人が野球中継をストップして勉強に切り替えることができるでしょうか。

このような場合、ほとんどの家庭では勉強のスタート時間を野球終了後に変更することを許容すると思います。ではバラエティー番組の『いいところ』ではどうでしょう。

日本が世界一になる瞬間と、お笑い芸人がおふざけをしている瞬間。前者に価値があると判断するのは大人の価値基準であると思います。子供は子供の世界がありますので、もしかするとお笑い芸人のネタのほうが価値があると判断するかもしれません。もしそうだとすると、バラエティー番組の『いいところ』で強制的に終わらせることは子供にとっては不可能に近い行動です。

だから我が家ではまずは勉強の時間になったことを簡単には伝えますが、決して強くは伝えませんでした。とりあえず子供が見ている番組の内容把握に努めて、キリがつくタイミングを計ります。もしキリがついたらすかさず声かけに移ります。仮にキリがなかなかつかないと判断した場合は、例えばＣＭのタイミングなどで子供に勉強開始の時間を相談するようにしていました。

この時の子供は、テレビ番組が原因で勉強開始時間が遅れたことに後ろめたさを感じている可能性が高い状態です。この状態で、あえてテレビの視聴継続を許容して子供に恩を売った状況を作るのです。すると子供は自分自身で勉強のスタート時間を再考する確率が高まり、同時にその言葉に責任を持つ確率も高まります。

「長時間テレビを見られるほど我が家には余裕がない！」

と反論する気持ちもわかりますが、勉強時間が多少短くなったとしても前向きに勉強できる環境作りのほうが優先されるのではないでしょうか。叱るタイミングをしっかりと考えることで、子供のモチベーションコントロールに注力することをオススメいたします。

□叱る理由を考える

受験をサポートする際に『叱る理由』をイメージしたことはあるでしょうか。我が家は『倫理道徳に明確に反している』時などはしっかりと叱るようにしていましたが、それ以外は叱る理由を頑張って作るようにしていました。

「叱る理由なんていくらでもある！」

私も感情的になりそうな時はそう感じていました。でも冷静に考えてみると、多くの場合は子供に責任はあまりないような気がしていました。例えば以下の例はどうでしょうか。

①何度言っても勉強をしない

これは第一章【声かけのＮＧワード②「何度言ったらわかるの？」】でご紹介した内容を確認すべきです。まず疑うべきは親の声かけが正しくできていたか。やみくもに正論を振りかざして子供に勉強を促したところで、子供が気持ち良く勉強をするはずがないと思います。「早く勉強しなさい！」「いつになったら勉強するの？」などの声かけを繰り返しているなら親の試行錯誤不足と認識すべきです。子供が勉強に取り掛かるために試行錯誤を繰り返し、複数の声かけ方法を試しているかを確認する必要があります（我が家が試行錯誤の結果どのような工夫をしたのかは第三章で触れます）。

重要だと考えていたのは、子供にとって受験勉強は面白いものではないということです。『塾は楽しい』『算数は楽しい』と話していた息子であっても、ゲームなどの娯楽と比較すると当然娯楽に軍配が上がる状況でした。

受験をサポートしていた私自身、大学受験生時代は勉強の面白さを理解しておらず、様々な誘惑に負けて勉強に集中できておりませんでした。自分が十八歳の時ですらできなかったことを十二歳の子供に要求する。しかも子供がその要求に応えられなかったらイライラするだけではなく感情を出してしまう。こうなってしまったら、それは要求ではなく強要だと思います。というよりそう思うようにマインドセットしておりました。

「他の子供はできている」「現在の偏差値を考えると悠長なことは言っていられない」。そう考える気持ちもわかりますが、他人との比較や現在の学力を元に感情的になるのは望ましいことではないので、やはりマインドセットが必要だと思います。

②すぐに集中力が切れる

「まだ5分しか勉強していないじゃない！」

そう立腹する気持ちもわかります。しかし、そもそも子供の集中力の持続時間は15〜30分程度と言われているので、長時間勉強することを期待するほうが無理というものだと思っていました。

「でもゲームやユーチューブなどは何時間でも集中しているじゃないか！」

そう反論もあるかもしれませんが、我が家は『夢中』と『集中』の定義を使い分けるようにしていました。

我が家の考える『夢中』の定義は、没頭する事象の主体が本人にないものを指しています。例えばゲーム・ユーチューブ・タレントといったものに夢中になっている時は、その対象（ゲームなど）が本人の意識を奪っていってしまっています（夢中の主体は子供ではなくゲーム等）。だから本人の集中力とは無関係に長時間釘付けとなってしまっていると理解しておりました。

一方で『集中』の主体は本人にあります。勉強そのものに取りつかれる程の魅力を感じている人は別でしょうが、そうでない限りは勉強そのものが子供の意識を奪いに来ることはありません。だからこそ子供から意識を集めていかないといけないのです。この意識を集める作業には労力が伴うので継続できる時間（集中している時間）は短くなってしまうと考えていたのです。

「でも塾では長期間授業をしているけど、ずっと集中している」

そんな話もよく聞きますし、息子も同じ状態でした。これに対する私の見解は「塾講師が『夢中』になれる楽しい授業をしてくれている」でした。では家庭学習で勉強に『夢中』になれる工夫はしているでしょうか。おそらくこの問いに対して首を縦に振れるご家庭は多くないと思います。

勉強が得意な人は集中力の問題が軽微で済みます。なぜなら問題を解くことによる快感を得られやすいので、『集中するまで少し時間がかかったが、途中からは夢中で勉強をしていた』となりやすいからです。息子の場合は算数がこれでした。

しかし苦手科目や暗記科目はそうはいきません。『パパ塾』と称して一緒に勉強を頑張った国語に限っては素人なりに息子を楽しませる工夫をしていましたが、それでも『夢中』にさせるレベルの教え方にはとても到達できるものではありませんでした。

だから我が家では二つの方法を取り入れました。一つが『集中するための工夫』で、もう一つが『集中をあきらめても勉強する工夫』です。

『集中するための工夫』は第三章で触れたいと思いますので、ここでは『集中をあきらめても勉強する工夫』をご紹介します。それは『ダラダラ勉強を許容する』ということです。具体的に息子はソファなどでゴロゴロしながら勉強をしていましたし、なぜか腹筋をしながら歴史の資料集を見たりしていました。体を動かしながら勉強をすることは効果的であるなんて説もありますが、とりあえずは机に向かって頑張って勉強をしている姿はほとんど見られなかったです。これを思い切って許容しようとする心構えは、アンガーマネジメントの一つとして考えてもいいように思えます。

ただし、ダラダラとした勉強を癖としてしまうのは問題です。10分で終わらせることができる勉強を15分かける習慣をつけてしまうと、本能的に脳が『この勉強は15分かけてやる内容』と認識してしまうと考えていたからです。だから我が家では、ダラダラ勉強することは許容しておりましたが、一方で短時間で密度の濃い勉強を行う工夫もしておりました。

③やると決めたことをやらない・約束事を守らない

　これは叱るべき問題と思われそうですが、我が家では一番叱るかどうかを迷った問題でした。基本的には叱るべき問題なのでしょうが、中学受験においてはそうとは言い切れないと考えていました。

『受験をすると決めた以上は真剣に取り組むこと』
『与えられた塾の宿題は必ずこなすこと』
『親と決めた勉強時間のルールは約束事だから必ず守ること』

　これらの約束事は、一見すると守らなかったら怒られても仕方がないことのように思えます。でも子供を咎める前に、少し思い返してほしいのです。

『そもそも中学受験は親の価値観なのではないか？』
『子供が自分で決意をしているようでも、実は親が誘導しているのではないか？』
『子供は親の期待を裏切らないように受験を辞めると言い出せないのではないか？』

もしこれらの要素が少しでもあるなら、子供が目標に向かって努力をしないことを咎めるのは理不尽と考えていました。親の期待を背負って年齢相応をはるかに超える努力が必要な世界に身をおいているのです。私は『明日からダイエット』と自分で決めた目標ですら三日坊主で終わってしまうだらしない人間なので、親の価値観で始めた中学受験の勉強に全力を出し続けることができない子供を咎めることは、かなり身勝手なような気がしていました。

どんな理由があったにせよ、親の価値観が介入している中学受験の世界で頑張る子供を叱りつけるのは理不尽。この考えが正しいとは全く思いませんが、そういった考えも頭の片隅に置くことは、アンガーマネジメントとして重要なことであると考えます。

□叱る基準を設定する

では中学受験のサポートにおいてどのような場合に叱るのか。我が家は叱る理由はあらかじめ話し合いで決めるようにしていました。要は子供にとっては叱られる理由と内容が事前にわかっている状態を作るのです。

例えば【怒るタイミングを考える】で挙げた『テレビ時間を延長した代わりに勉強開始時刻も遅くした』というケースを考えます。この時は仮に遅らせた開始時刻からスタートすることができなくても感情的になることはありません（ただしもちろん遅らせた開始予定時刻には簡単な声かけをちゃんとします）。事前の話し合いが不十分だからです。

この場合は一日の終了時に簡単な振り返りを親子で交わします。

「テレビ時間を延長しただけで、勉強の時間は守れなかったね。」

「ゴメン……。」

「まあしょうがないよ。ただ、二人で決めた時間だったから守ってほしかったかな。」

「ゴメン……。」

「いや、だから今回はしょうがないからいいよ。でも、約束事を守らない人間には育ってほしくないから、次同じようなことがあったら厳しく叱るからそれは覚えておけよ。」
「わかった！」
「あとは自分から動く人間にも育ってほしいから、次回も『勉強をしろ！』みたいなことは言わずに、自分から勉強に向かうかを見ているから、そのつもりでいるようにね！」

こんなイメージの会話を短時間で行います。広義では『叱る』という行為かもしれませんが、とりあえずは感情的にならずに済ませます。意識することは『その日の行動を許す』『親は悲しかったという感情を伝える』『次回は子供自身の力で乗り越えることを信じて待つ』というメッセージを含ませることです。この短時間の会話は基本的には親が主導権を握れるはずです。なぜなら『テレビの時間延長を認め』『勉強しなかった自分に怒らなかった』と、子供に恩を売れている状況だからです。だからこのようなメッセージの伝え方は、頭ごなしに叱りつけるより効果が高い方法だと考えていたのです。

そして後日同じようなことがあった際には簡単な声かけだけ行って、あとは約束通り見守ります。そしてその際には子供に親の視線が向けられていることに気付くように意識をします。もし子供が親の視線と前回の約束を思い出してくれたのなら、少し待てば（テレビのキリがついた頃には）自分から動く可能性が高まります。もし少し待っても動かないのであれば、そこで初めて雷を落とせばいいのです。

　この時の雷はその理由と目的を事前予告しているので全く問題はありません。正直ここまで雷を落とすタイミングを我慢するのはかなり大変ですが、『親の価値観が介入している中学受験という厳しい環境』を生きている子供への配慮として常に意識をするようにしていました。なお、これは『親の価値観が介入している』と言われる中学受験という特殊な世界にのみ当てはまるものなので、親の価値観の有無があまり関係のない日常の子育てにまで当てはめる必要はないと思います（そこまでやったら親の精神状態が持たない気もします）。

　ご紹介した方法は『子供が親の顔色を見ているので、人の顔色を気にするような子育てなのでは？』と疑問に思われる方もいらっしゃると思います。もちろんその可能性を完全否定するつもりはありません。しかし感情的に正論を振りかざして怒るよりは、子供の自己肯定感を傷つけずにすむ方法だと考えていました。また『人の顔色を見る』といっても、『相手の機嫌を推し量る』というのと『相手の想いを推し量る』とでは少々意味が異なります（ご紹介した例は、約束が守れるかどうかを我慢して見守る親の気持ちを推し量っている状態を作っているので、後者に該当します）。後者は言い方を変えれば『相手の気持ちを考える人』に繋がる意識づけですので、教育上悪い概念を伝えているようには感じておりませんでした。

中学受験をする子供に強く当たる際には

①子供が置かれている世界は親の価値観が介入している厳しい世界と認識する
②子供自身が親に怒られる理由を事前に理解し納得している状況を作る

というステップが必要になってくると思います。かなりハードルの高い作業になると思いますが、ここまでくれば家庭内での怒号はかなり減ってくると思います。

…第三章…

シーン別の
中学受験サポート

この章では具体的なシーン別の声かけ方法や考え方について触れてみたいと思います。

前章までは技術的な内容やアンガーマネジメントに焦点を当ててきましたが、本章は様々な場面ごとにおける考え方であったり声かけテクニックの使用例などをご紹介したいと思います。

中学受験で頭を悩ますタイミングはそれぞれにあります。幼少期から意識をする家庭もあれば、直前期になって慌ててしまうケースもあるでしょう。そういった様々なシーンに向き合う際、どのように考え・行動したらいいのか。我が家が乗り越えた際の思考や手法を紹介することでそのヒントをご提供できればと考えております。

□幼少期の教育

中学受験を志す家庭の中には、幼少期から意識をしているケースは少なくないと思います。幼少期における教育方法は様々なものが紹介されています。公文式などで先取教育を推奨する方もいらっしゃれば、様々な経験を積ませて視野や興味関心を広げることを重視する方もいらっしゃいます。私は専門家ではないので幼児教育を多角的に分析しておらずかなり私見が入ることになりますが、中学受験を見据えた場合における幼児教育に対する一意見としてご参考いただければと思います。

【先取教育という諸刃の剣】

先取教育は多方面で推奨されていると思います。代表格は公文式であり、小三までにＦ教材まで終わらせてから受験塾に入るといった目安を持たれている方も少なくないと思います。そして実際に公文式などで先取りすることで、中学受験をスムーズに進められた成功体験は枚挙に暇がないように思えます。

先取教育が有効なのは少し考えれば当たり前のことです。ここではまず、先取教育のメリットとして考えていた内容をいくつかご紹介したいと思います。

①自己肯定感を得られやすい

自己肯定感、むしろ第一章でご紹介した『自己効力感』を得られやすいのが先取教育の大きなメリットと考えます。学校や塾などで新しい単元を習う時には、既にその内容は復習となっている状態ですので当然に周りの友達より理解が進んでいる可能性が高まります。要は「頭いいね！」と言われる頻度が高くなるので、言われた側の子供も「自分って頭いいのかも！」と自信を持つ可能性が高まってくるのです。

自分は頭がいいと認識した子供は、多少難問とぶつかっても「自分に解けないはずはない」と思う確率が高まるので、自然と粘り強い勉強姿勢が育まれやすくなると考えています。

②先行逃げ切りを狙える

中学受験の世界においては先行逃げ切りは非常に有利だと思います。先に挙げた自己効力感を得られると同時に、塾では安定して上位クラスに位置づけられる可能性が高くなります。そうなると取り扱う問題もハイレベルになりますし、競い合うライバルたちも優秀層が多くなるので、成績も高い水準で推移する可能性が高まると思うのです。

先取教育の進み具合によっては塾の授業が復習の位置づけになることすらあるので、塾の復習が短時間で済むようになるケースもあると思います。そのため所謂プラスαの学習にもチャレンジできる余裕が生まれる可能性もあり、『算数オリンピック』『中学への算数』などに挑戦するご家庭も出てきやすいのだと思います。

ここまで二つの先取学習のメリットを書いてきましたが、個人的には先取教育には危険もあると考えています。一見すると良いとこだらけの先取教育ですが、サポートをしっかりしないと子供に悪影響を与えかねないものだと考えていました。

息子の例を挙げたいと思います。息子は多少の勉強はしておりましたが、中学受験に向けての特別な先取教育はしておりませんでした。一方で同じ小学校には未就学児から公文に通い、早くから中学受験に向けた対策を取っていたご家庭がありました。その友人は息子より早くにサピックスに入塾し、息子は数か月遅れてサピックスに入りました。もちろんその時のクラスは先取りをしていた友人のほうが上位クラス。しかし小学六年生になるタイミングでクラスは逆転し、その成績関係は受験本番まで変わることはありませんでした。

ここで少し不安になるのが追いつかれた側の友達の精神状態です。小学五年生までは先取教育の効果もあり、上位クラス（具体的にサピックスのα）に常にいる状態でしたが、小学六年生では上位クラスに行けたり行けなかったりを繰り返すくらいになりました。その子の最終的な進学先はいわゆる難関校（四谷大塚の偏差値65以上）なので受験には成功したといって間違いないと思いますが、気が付けば先取りしていない人よりクラスが下になり、頑張っても少しずつ偏差値が落ちてきていた状態だったので、かなり辛かったのだと推察しております。よく早くから受験勉強を始めると『中だるみをする』と言われますが、その正体の一つが先取りすることで得られていた自己肯定感を失うもしくは失う恐れを感じることによって生まれる現象なのだと感じております。

もう一つ気になったのがその友人の保護者の発言です。先取教育をして塾でも上位クラスに居続けた時は、「目指すなら最難関校」と言い続けていました。しかし受験が終わってからは「最難関にも受かる実力はあったんだけど、本人が希望するからあえて違う学校を受験した」と事あるごとに言うようになりました。その友人の進学した学校も非常に魅力的で素晴らしい学校ですので他校と比較する必要なんて全くないのですが、それでも保護者は「息子の実力は最難関でも通用した」と言い続けているのです。

聞くところによるとその保護者はかなり子供にスパルタ教育をしていたので、推測の域を出ませんが『是が非でも最難関に進学させたい』と考えていたか『入塾当初、先取教育の効果で上位クラスにいたことが、潜在的に最難関にいけると親に信じ込ませた』のいずれかの状態であったのだと思います。

もしそうなのであれば、その友人家庭は厳しすぎる受験生生活を送ったのだと感じています。もちろん価値観は人それぞれなので批判するつもりはありませんが、一方で中学受験は世間から『教育虐待』と言われる場合もあります。そして友人家庭はその立場の人から『教育虐待』と言われてもおかしくない状況だったのだと思うのです。もしそのきっかけが『先取教育の効果で上位クラスにいたことが、潜在的に最難関にいけると親に信じ込ませた』なのであれば、少し怖い気もします。

なお先取教育を批判しているわけではありません。メリットを十分に享受できるような優秀層にとってはかなり効果のある学習方法ですので、極めて素晴らしい教育方法だと思っています。ただし少しリスクを伴う方法となりますので、親がお子さまの状況を的確に判断できるという前提が成り立つことがとても重要になると思うのです。

先取教育をする際には、『子供の能力に応じた適切な学習負荷を親がしっかり見極める』という目的を持つことも必要なのではないでしょうか。

【先取教育と早期教育】

個人の考えですが、先取教育より広い概念として早期教育があると考えていました。ややその定義の違いは曖昧ですが、まずは我が家なりの両者の認識をご説明いたします。

先取教育とは将来習う具体的な内容を前倒しで学習することです。例えば掛け算や割り算などの小学〇年生で具体的に習うものを事前に学習するのが先取教育です。勉強を勉強として学ぶことが多い内容かと思います。

早期教育とは早い段階から興味・関心・思考を伸ばすことを目的とした学習で、将来具体的に習うかどうかはややグレーなものと認識していました。本の読み聞かせや知育系の学習漫画など、生活の一環として学びがあるものが多いイメージです。

個人的には早期教育には大賛成です。生活の中に自然と学びが入り、知的好奇心が育まれ、幅広い教養を身につけることができます。これらは先取教育とは違い、受験勉強の枠組みより広い範囲で有益なことだと考えていました。また中学受験の視点で考えても読み聞かせは読解力に通じますし、その他のアプローチも思考力や理科・社会の理解を助ける効果が期待できます。

また、勉強を勉強として与えていないことから先取教育で挙げたリスク（成績が下降してきた時の精神的負担）が抑えられるのもポイントです。早期教育は日常生活の延長で強固な地盤を築くものです。そのため子供本人は早くから受験勉強をしてきたと認識する可能性が低く、本格的な受験勉強は中学受験塾に入室してからと感じる可能性が高くなり、入塾後に成績が伸び悩んでも「幼少期から一生懸命勉強をしてきたのに、後から勉強を始めた人に抜かれてしまった」となりにくいと考えております。つまり、先取教育と比較してリスクが少ない教育方法となると思うのです。

あえて早期教育の難点を挙げるとすると、継続的に行うことが難しいことだと思います。日常生活の延長上に幅広い学びを与えるのが重要となるため、例えば知育系漫画を強制させるのでは全く意味をなしません。しかし、早期教育の方法は先取教育の方法と違って体系的にまとめられてはいないので（先取教育は公文式のカリキュラムのように体系化されている）、実施・継続がかなり難しいと思うのです。『偏差値40台から開成合格！自ら学ぶ子に育つ おうち遊び勉強法』（講談社）の著者であるぎん太さんのご家庭はこの難題を乗り越えた素晴らしいケースですのでぜひ参考にしていただければと思いますが、同時に早期教育は難しいことにもお気付きになられると思います（ぎん太さんのお母さまが素晴らし過ぎます）。

なおもし我が家がもう一度中学受験を踏まえて幼少期の教育をするなら、先取教育と早期教育を両方取り入れながら接すると思います。

先取教育としては公文の国語を行います。やった経験がないので正確な話はできないのですが、漢字などの単純な知識量はどんどん増やして問題がないと考えるからです。また息子は国語が苦手だったので、早い段階から短い文章の理解などの地固めをしたいとも考えるからです（短い文章の理解に対する重要性は第四章にてご説明いたします）。

早期教育としては読み聞かせ、知育の学習漫画、親子間での思考や雑学を交えた会話、将棋やオセロといった頭を使う遊びなどを積極的に取り入れて、あとは外遊びや旅行などで自然に触れることを意識すると思います。

こういった結論は家庭ごとにそれぞれですが、幼少期から中学受験を意識するのであれば、先取教育一辺倒をするのはあまりお勧めするものではありません。幼少期は焦ることなく、楽しく学びを取り入れた生活を送ることが、かえって近道になるようにも感じております。

【先取教育の有無による声かけの意識】

受験学年後半は別ですが、小六のスタートくらいまでは先取教育をしてきたお子さまのほうが偏差値は高くなる可能性が高いと思います。これは見方を変えれば『受験学年後半の伸びしろについては、先取教育をしていない子供のほうがたくさんある』ということを示しています。そこで、受験をサポートする親は、その可能性を考慮したうえで声かけのイメージを組み立てることが必要です。

先取りをしているのであれば、いつか追いつかれてしまうことを視野に入れた声かけをすることが必要です。「小六の後半は地頭の優れた子供たちがラストスパートをかけてくるので、偏差値が下がる可能性が高いから気を抜くな」と危機感を持たせると同時に、将来追いつかれてしまった時の逃げ道を準備することも必要だと思います。また所謂トップ校以外の魅力を伝えておくことも必要だと思います。低学年・中学年の成績から偏差値的なトップ校を狙えると信じ込み、「絶対に〇〇中！」と志望校を定めるのはまだいいのですが、「偏差値〇〇以下には魅力を感じない」とさせてしまうのは問題です。受験をサポートする親の役割の一つには最悪の事態を回避させることがあると思うのですが、本番直前で失速した時のメンタルケアを行うためにも、まずは親が幅広い学校の魅力を認識し、子供と共有することが重要となります。

先取教育をしていない家庭については、『今は先取りをしていない人より成績が悪いのは当たり前』と考えると同時に、『先取りをしている人に追いつくためには相応の努力が必要』と危機感を共有することが重要だと思います。我が家はこちらのケースでした。

息子は算数が得意でした。算数におけるサピックスの偏差値は60台中盤が多く、最上位層には少し届かなくても、十分どの学校でも戦えるだけの実力を持っていたと思います。

この状態における我が家の声かけは「先取教育をしていないのだから、低学年の時から算数オリンピックに挑戦したり、早い段階で『中学への算数』に取り組んでいる人には勝てる訳がない。ただし、これからの頑張り次第で本番までには必ず追いつける」といった立ち位置のものでした。息子はそれを信じて頑張り続け、最終的にはサピックスの偏差値で70を超えるまでに実力を伸ばし、一月の早稲田アカデミーNN開成の算数偏差値は80を超えるまでになりました。

また先取りをしていないケースにおいても幅広い学校の魅力を伝えることは重要です。息子は受験を志した時から開成を第一志望においていましたが、親はもっと幅広い学校の魅力を認識するように心がけました。息子に「○○中もすごく良さそうなところだよね！」みたいに伝えると「僕が行きたいのは開成だから関係ない！」の反応をすることもありましたので、息子は頑なに第一志望にこだわり続けましたが、親としては開成にこだわり過ぎないよう意識的に学校研究を行っておりました。

インターネットを見ていると「偏差値○○以下には進学させる意味はない」「絶対に有名中学に進学させる」と子供の実力度外視の意見がたくさん見受けられますが、親がそのような姿勢を見せると子供に過度なプレッシャーを与えてしまう可能性が高くなると思います。現状の偏差値では届かない学校を『憧れの志望校』として目指すことは大賛成ですが、最終的にどの実力に落ち着くかもわかりませんので、やはり親が学校研究を幅広くすることは重要であると考えます。

先取教育と早期教育

先取教育

《定義》

将来習う具体的な内容を前倒しで学習するもの

《具体例》

・公文式や参考書等で、自学年より上の学年の勉強を行うこと

《メリット》

◎早期から「頭がいい」と言われることが多く、自己肯定感が得られやすい
◎先行逃げ切りを狙うことができる
◎塾の勉強が復習となるため、理解度を一層深いものとすることができる
◎塾のクラスが上位クラスとなりやすく、ハイレベルな環境に身を置くことができる
◎プラスαの勉強時間の捻出がしやすく、より深い勉強を行うことができる

《デメリット（注意点）》

▲後から勉強を始めた友達に成績が抜かれた時にショックを受ける可能性がある
▲親が先取効果が出ている時の成績を『本来の実力』と勘違いする可能性がある

早期教育

《定義》

早い段階から興味・関心・思考を伸ばすことを目的とした学習

《具体例》

・読書や読み聞かせ　　・知育系の漫画やおもちゃ
・将棋やピアノなど頭を使う習い事　　・思考／関心を促す親子間の会話
・自然との触れ合い　等

《メリット》

◎興味関心を育てることができる
◎先取教育のデメリットが発生しづらい

《デメリット（注意点）》

▲先行逃げ切りを狙うわけではないので、『追う立場』としての認識が必要

□対話　～話し合いはしない～

様々な話法を知ると、ついつい「子供との話し合いで活かしてみよう！」と前のめりになってしまうこともあると思います。しかし我が家では対話の機会は設けていましたが、極力『話し合い』という概念を持たないように意識していました。ここでは親子間での対話の進め方についてご紹介したいと思います。

中学受験においては親子間で対話すべきことがたくさんあると思います。

・勉強の大切さや面白さ
・努力の尊さ
・志望校選びのポイント
・ゲームや娯楽との付き合い方

こういった内容を親子間の対話でしっかりと共有することは非常に大切だと思います。中学受験に限らずとも、様々な場面で対話を重ねる必要は大いにあると思います。

ところで『話し合い』という言葉、どのようなイメージを持つでしょうか。私の場合は『自分の意見・主張をじっくりと説明して理解してもらうためのもの』と瞬間的に捉えてしまいます。特に親子のように年齢差が非常に大きく、また明らかな力関係が生じる場合においては『理解してもらう』というより『理解させる』となりがちである気がします。もちろん『罪を犯してはいけない』といった最低限のルールは『理解させる』といった姿勢で伝えても問題はないと思うのですが、中学受験を通じて伝えるべきものは最低限のルールの範囲を明らかに超えていると思います（最低限のルールではなく、じっくりと深掘りをして考えるべきものとの理解です）。

なぜ『話し合い』という言葉が『自身の主張を理解してもらうもの』というイメージになってしまうかというと、私個人の考えとしては『話す』という言葉が『自ら発信するもの』という意味を内包しているからだと考えます。

そこで我が家は『話し合い』ではなく『聞き合い』という概念で対話を行うように意識をしておりました。こうイメージすることで、対話の目的を『自分の主張を伝えること』ではなく『相手の主張を理解すること』と意識づけを行うのです。

この意識づけは結果として『自分の主張を伝える』ことを成功に導くと思います。

心理学には『返報性の法則』というものがあります。返報性の法則とは『好意的な態度を返し、敵対的な態度には敵対的な態度で返す』といった『相手に自分が受けた通りのものを返そうとする』という心理のことです。

基本的に人間は自分の考えを認めてもらいたいと考える生き物だと思います。その前提に立つと、人は『相手の話を聞くより自分の話を聞いてもらいたい』となります。問題は意識をしないと親が自分の話を優先してしまうことです。そこで子供も自分の話を聞いてほしいと考えていることを改めて認識する必要があります。受験サポーターの親は自分の話したいという欲求以上に、子供の話を聞くことを優先する必要があると思うのです。

子供の話を否定することなく一通り聞くと、ここで返報性の法則が発動します。子供に『親が自分の話を否定することなく聞いてくれたのだから、自分も親の話を聞いてあげよう』と潜在的に思ってもらえる可能性が高まるのです。

重要なのは『子供の話を否定することなく聞く』ということです。もし子供の話を反論しながら聞くと、返報性の法則により『自分（子供）も親の意見に反論してやる！』との感情が芽生えるリスクが高まってしまうので、口喧嘩を誘発してしまう可能性が出てきてしまいます。

こうした『聞き合い』の場から出た結論は、基本的には『双方合意の結論』になります。だから本人も自分事としてその結論を守ろうとする可能性が高くなってきます。子供の主張が大人の視点から見ると明らかに稚拙で短絡的と思われたとしても、そこへの反論はＮＧ。返報性の法則で子供も親の意見を聞かなくなる可能性があるものと理解する必要があります。第一章の【声かけの原則①（自己肯定感）】や【声かけの原則②（正論は極めて危険）】をしっかりと意識し、まずは子供の主張の理解に全力を注ぐことをお勧めいたします。

対話を『話し合う』ではなく『聞き合う』とすることで相互理解が深まり、家族会議はスムーズに進む可能性が高まってくるように感じております。

□勉強開始時の声かけ

おそらく最もイライラすることの一つなのではないでしょうか。第二章の【叱る理由を考える①何度言っても勉強をしない】で少し触れた内容の我が家における対処方法です。一言で表すと『親が背中を見せる』という方法がそれです。

中学受験の際、息子はリビングで勉強をしていました(中学入学後に自分の部屋を作りました)。息子は片付けが苦手なタイプであり、学習机は常にグチャグチャな状況。本来は整理整頓も学んでほしいところですが、中学受験塾から配布されるプリント類は非常に膨大です。そこで我が家では小学生が膨大なプリント類をきちんと整理することはほぼ不可能と考え、プリント類の整理は親が請け負うようにしました。そして我が家はこのプリント整理のタイミングをうまく利用する戦略を取ったのです。

食事終了後、例えば20時くらいから勉強を始めてほしいと考えていたら、

「じゃあお父さんは20時からプリント整理始めようかな！　〇〇（息子）はいつから勉強を始める？」

といった形で声かけを行うのです。「勉強を開始しなさい」という指示・命令のスタンスではなく、『計画の確認』というスタンスで予定に触れる形です。計画の確認というスタンスは自主性を尊重する形式とも言い換えることができます。また『自ら考える』ということを促すと同時に『考えた結果を発言する』そして『発言した内容に責任を持たせる』と好循環を築くことも狙いとして持っていました。もちろん毎回意図したような行動を促せたわけではありませんでしたが、少なくとも指示・命令スタンスで勉強開始を促すよりは効果は高かったと感じています。

　また、親がプリント整理の開始時刻を宣言したうえで言葉通りに実行をすれば、それは子供に『有言実行』の背中を見せることに繋がります。特にプリント整理の目的は子供の勉強の手助けが目的となっているので、子供本人も「自分もやらなきゃ」と思うきっかけとなる効果も期待しておりました。

　もちろんプリント整理のような『子供のための行動』以外でも問題はありません。私の場合は以下のような声かけも頻繁に行っていました。

「○時からトイレ掃除でもするかな！　○○はこれからどうする？」

「これから皿洗いでもするかな！　○○の予定はどんな感じ？」

このように私も積極的に家事を行う宣言を行い、それを勉強の声かけとして利用していたのです。

お読みくださっている方には、ぜひ子供が勉強を開始するタイミングで親をどう見ているのか想像してみてほしいのです。

例えば子供の勉強開始時に家事を行っている場合、その家事を当たり前のようにこなしていたら『お母さんは家事をしていて当たり前』と映っているのかもしれません。もしそうならもったいないことだと思います。せっかく自分の時間を犠牲に家事を頑張っているのに、それを当たり前と思われてしまっては感謝される頻度も少なくなってしまうと思うのです。感謝されたいと思っているわけではないかもしれませんが、家族のために頑張る人に対する感謝の念は育まれて然るべきものだと思うので、そういった育児戦略もありだと思います。

だから子供の前では当たり前のように家事をしない時間を多く作る。食後にすぐ食器を洗うのではなく、『自分の時間を削るのは辛いけど、やるべきことはケジメをつけてやる』というシチュエーションに変えてみるのも手だと思うのです。また普段の家事を『特別な事』と家庭内で浸透させるためには、家族全員のサポートも有効です。私は料理をすることができないので、基本的には妻がすべて食事やお弁当を頑張っていたのですが、それに対する感謝の言葉はできる限り子供の前で伝えるようにしていました（料理ができない代わりに洗い物などは率先して行うという姿勢も見せていました）。妻に感謝をしているというのも当然本心としてありますが、息子に『親（大人）も自分の時間を犠牲にしながら日々頑張っている』ということを認識してほしかったのです。

『親も当たり前に仕事や家事をしているわけではない。自分の時間を犠牲にしながらやるべきことを頑張っている。』

まずはその姿勢が子供に伝わるように努力をします。そしてその上で子供の自主性を促すようにする。もし「勉強しなさい！」という声かけが響かないのであれば、子供から「親は勉強もしないで口出しばかりでズルい。」と見られている可能性を危惧してみましょう。そして次回からは、『親も頑張っているから自分も頑張る』と感じてもらえるよう背中を見せる方法について試行錯誤することが肝要と思います。ただし、『好きな仕事を一生懸命にやる姿』を見せることも教育上大切だと考えるので、バランス感覚も重要だと思います。

□勉強がはかどらない時のサポート

前項目の【勉強開始の声かけ】では、受験サポートをする私がプリント整理や家事などをきっかけに勉強開始を促す例をご紹介しました。このような形で子供が勉強を開始した場合、親がプリント整理や家事をしている時間帯は子供も比較的頑張って勉強をするケースが多かったように記憶しております。しかし、プリント整理や簡単な家事などは短時間で終わってしまうので、勉強をスタートさせるきっかけとなったとしても、勉強時間を長くさせるきっかけとしては不十分です。集中力には限界があるし、第二章の【叱る理由を考える】で挙げたような夢中で勉強できるような指導を自宅で行うことには限界がありました。そこで『ダラダラ勉強』を認めると同時に、わずかながら集中力を高める工夫も凝らしていました。

我が家が行った集中力の工夫は大きく二つです。一つ目は時間の管理で、もう一つが親も一緒に何かをするという方法です。それぞれについて例を挙げながらご紹介いたします。

①時間管理

これはストップウォッチを使用しながら勉強をサポートする方法です。よく聞く手法の一つですが、我が家でも積極的に取り入れました。ストップウォッチを使用する時はゲーム性を重視するのが我が家流です。

例えば息子が通っていたサピックスでは、小六の後期になると社会の家庭学習（宿題）の内容は、単元別の重要語句を一問一答形式で問うものが中心となりました。息子はそのテキストが配られた当日に、約30分の時間を設定して一気にその問題を解くようにしていました。なお分量的には文字を丁寧に書いていたら時間内に全問解き終わることはほぼ不可能な問題量です。だから息子は息子にしか読めないレベルの汚い文字でひたすら書き続けていました。制限時間内に終わらせるためには一問一問をじっくり考える暇なんてないので、瞬時に解答が思い浮かばないと話になりません。とにかく瞬間的に知っている内容を可能な限り短時間で書きまくり、制限時間内に終わらせる。そういったトレーニングです。

ついつい丁寧に書くことを指導したくなる気持ちもわかりますが、このトレーニングは『知識を瞬間的にアウトプットできるか』『漢字の理解が正しいか』をゲーム性の中で確認するものなので、作業の丁寧さまで求めてしまうとゲーム性が損なわれて集中力も続かなくなると判断していました。

このトレーニングは非常に効果的でした。塾から帰宅をした直後だと疲労もあるので、当日の復習には限界があるのが普通だと思います。当日の復習ができない家庭もあると思いますし、仮に復習をすることができたとしても集中力が残っていないケースもあろうかと思います。またそもそも塾からの帰宅後では勉強する時間が残っていない可能性すらあります。そこで簡単な復習のみをさせるのも手ではありますが、どうせ短時間しか勉強時間を取ることができないのなら、短距離の全力疾走をゲーム性を持って行い、残りの集中力を絞り出すのが効果的だと判断しました。結果社会の復習は授業の当日にすべてが終わっている状態となり、学習計画を組みやすくすることができたのです。

②親も一緒に何かをする

子供が勉強をしている時に親は何をしているでしょうか？　基本的には自由だとは思いますが、子供に「自分は勉強をやっているのに……」と思われてしまっては勉強に身が入らない可能性があると思います。だから我が家では親も一緒に『何か』をするように意識していました。

例えば勉強で競争するのもありです。我が家のケースでは息子は算数が得意だったので、息子と算数勝負をしたりしていました。私も算数が得意だったこともあり五年生くらいまではいい勝負でした。ただし正答率では互角の勝負を繰り広げるも、スピード勝負では息子が圧勝。息子は得意分野で父親を負かすことができて満足そうな表情をよく浮かべていたものです。

しかし六年生にもなると私は息子に歯が立たなくなると考え、算数勝負はしなくなりました。

ではその時間は何をしていたか。もちろんスマホいじりなどの自分の時間を目の前ですることは致しません。基本的には読書、自主的な勉強、家事など、完全な娯楽とは異なることをするようにしていました。特に思い出深いのが絵を描くことです。

息子が家庭学習をする時に、「お父さんにも何か課題をくれ！」とお願いしたところ、その時に流行していた漫画のキャラクターの絵を描くことを依頼されたことがあります。そして制限時間を設け、息子は家庭学習、私はキャラクターのお絵描きを頑張ります。息子からすると『お父さんが目の前で僕が出した課題の絵を頑張って描いている』という状況なので、息子だけが勉強を放り投げるのはやりにくくなるはずです。こうして父親の画力がメキメキと上達し、息子は息子なりに学力を伸ばすことができたわけです。

一緒に勉強をしたり、親が勉強を教えたり。そういった受験勉強に関連した『何か』をするのももちろん効果的だとは思いますが、親のやる『何か』は必ずしも受験勉強に関連する必要はないと思います。例に挙げたようなお絵描きであっても、子供がやっているゲームのレベル上げでも構わないと思うのです（実際にツイッターのスペースで一緒にお話をさせていただいた方は、ゲームのレベル上げを代行していたそうです）。子供が『自分だけ勉強をしている』と不公平感を持つ要因となるものでなければ、目の前で一緒に行うことは受験サポートとして効果があることだと考えて行っていました。

③集中力がないならゲームをやる？

受験勉強が本格化してくると、親としては子供にできる限りたくさんの勉強をしてほしくなるものだと思います。勉強はいくらやっても全然足りない。でも休憩もちゃんと取らせないといけない。そういった悩みを持つご家庭も多いのではないでしょうか。我が家も同じ状況でした。そこで我が家としてどのようにその問題に対処していたのかをご紹介します。

我が家は基本的には休憩時間を取ることを優先しました。特に睡眠については積極的に認めるよう意識しました。疲れてウトウトしていようものなら、可能な限りベッドかソファに移動させ、少しでも疲れが取れるようにたっぷりと寝かせるよう心掛けていました。勉強の進捗が少々遅れていたとしても、うたたね等で小言をいうことは一切なかったように記憶しています（意識的に言いたい気持ちを我慢しました）。

では睡眠以外の休息時間はどうだったか？　基本的にはフリーな時間を与えていたので、ゲームだろうが動画だろうが好きに見ていたのが実情です。ご家庭によっては受験生になってゲームをすることに抵抗感を示されるケースは多いと思います。しかし、心理学的には禁止された事項はかえってやりたくなってしまう現象（カリギュラ効果）が確認されているため強制的にゲームなどを禁止することは逆効果となる恐れがあると考え、ある程度ゲームなどの時間を与えるようにしていました。ただし、『ゲームをしながら勉強する時間』を一日15分程度作ったのが我が家なりの工夫です。

ゲームをしながら行った勉強は『国語の語彙力強化』です。国語の語彙については、少なくとも例文を聞いて内容を認識できるレベルには到達してほしいと考えていたので、息子がゲームをやっている横で私が例文を高速で読み上げるようにしていました。例えば

『中学入試は一月一〇日の埼玉入試を皮切りに本格化する。』

程度の短い文の例文を私がどんどん読み上げ、ゲーム中の息子が「オッケー・オッケー・オッケー。あ、今のはわからない」といった感じで一つ一つの例文に理解状況を伝えてきます（生返事も多かった気がしますが……）。語彙は文章の中で理解をするのが重要だという考えと、高頻度で耳にする言葉は当たり前の用語として認識されるとの考えから、たとえゲーム中であったとしてもお構いなしに例文を聞かせ続けました。はじめはゲーム中に聞かせたことに効果があるか疑問を

もっていましたが、本人に聞いてみると重要語彙を例文付きで記憶していたケースが多々あったので、効果はそれなりにあったのだと思います。

集中力がなくなって勉強が手につかなくなった時、

「じゃあゲームでもやって気晴らししたら？　ただいつも通りお父さんが国語の例文を横で読み続けるから、わかっているか反応してね！」

とゲームを勧めることも家庭によっては有効なケースもある気がしています。

□テスト結果では一喜一憂をする

受験業界においては『テスト結果では一喜一憂してはいけません』というのが通説だと思います。しかし、我が家では一喜一憂をしないほうが問題だと思って受験サポートをしていました。

一生懸命勉強してテストに臨んだのであれば、テスト結果が良ければ喜び、悪ければ悲しくなるのは親子とも当然のことだと思います。もしその感情が自然発生的にわかないのであれば、『一生懸命にやれていない』もしくは『悪いテスト結果を受け入れられる精神状態にないので防衛的に感情が閉ざされている』のどちらかだと考えていました。だからテスト結果に一喜一憂をする姿を見て、精神的に正常な状態にあると判断していました。

しかしテスト結果と真摯に向き合い、現状把握をした上で今後の学習に役立てないといけないのは間違いのないことだと思います。そしてそのためには冷静さを持っていなくてはならない。とはいえ一喜一憂は自然発生的な感情なので、精神状態が正常なら避けることは難しい。だとしたら一喜一憂を受け入れた上で、いち早く精神状態を立て直すことが必要になってきます。重要なのは『一喜一憂をしない』のではなく『いったんは一喜一憂を受け入れる』ということです。

おそらく塾講師も一喜一憂をしないようにアドバイスをしているのではなく、『一喜一憂をすることを前提にその感情を鎮めるための戒めとしての助言』をしているのではないかと推察しております。

『練習は本番のように、本番は練習のように』といった向き合い方が推奨されると思います。中学受験で言い換えるならば、『模試は本番のように、本番は模試のように』といったところでしょうか。もしこの考え方の前提に立つのであれば、やはり模試では一喜一憂を受け入れた上で精神状態を立て直す訓練が必要となります。それも可能な限り当日中、おそくとも翌日までには精神状態を前向きにさせる必要があります。

例えば一月前半。首都圏の受験生であれば、埼玉県の私立中学の入試を皮切りに受験が本格化します。その際にいいスタートダッシュが切れればいいのですが、残念なスタートとなることも可能性としては考慮しなくてはいけません。受験本番での失敗は模試以上に精神的ダメージを受ける可能性が高いはずです（親子とも）。

二月についてはもっと深刻です。二月一日午前に受けた第一志望校の手応えが良くなかったとします。そしてその不安感から一日の午後受験でも力が出せなかった。一日校は当日中に合格発表まで行う学校が多いので、午後に受けた学校の不合格通知を当日中にもらってしまうこともあります。第一志望の手応えがない中で午後校は不合格。その状態で二日目以降の受験に臨まなくてはいけないわけです。受験本番はそういうものだと思います。

だからこそ受験本番に向けて『一喜一憂を受け入れた上での立て直し』を意識的に訓練する必要があると思うのです。具体的なノウハウは私は持ち合わせてはおりませんが、少なくとも『一喜一憂はしてはいけない』と自然発生的な感情を否定するよりは、『この感情をまずは受け入れる必要がある。そしてそれは本番を乗り越えるために必要なステップだ。』と言い聞かせるようにできれば、多少なりとも本番に向けてのいい訓練になるのではないでしょうか。

□直前期の過ごし方（勉強面）

東京・神奈川を中心とした受験生は二月に受験本番を迎えるため、一月に入ると多くの受験生が学校を休んで感染予防・直前対策に時間を割くことになると思います。学校を休むのが得策かは意見の分かれるところだとは思いますが、もし休むのであれば効果的な直前期を過ごすことが重要だと思います。

直前期の学習計画で最も意識すべきは、『長時間集中できる計画を立てること』だと思います。しかし、このことを最重要視する家庭はあまり多くない気がしています。

おそらく多くのご家庭で意識するのは、短期記憶であっても受験本番で点数を稼げるように『暗記もの中心とした計画』であったり、自信を持って本番に臨めるよう『簡単な内容の総復習ができる計画』といったことを考えると思います。

このこと自体に異論を唱えるものではないのですが、例えば息子の場合は暗記ものの勉強を長時間し続けることは不可能でした。三年近い受験生生活の中で、暗記ものに集中し続けた経験は皆無であるので、たとえ理屈上では暗記ものを詰め込むことが効率的な学習だとしても、実現不可能な計画だと考えたのです。

我が家では、現実的に息子がある程度集中して暗記ものに取り組める時間は、1時間から1時間半程度だと認識していました。だとしたら学校を休んで確保することができた長い時間を暗記ものに費やすのは、時間的にバランスが良くありません。だから本来であれば、学校に通っている時間帯は長い時間を要する算数や国語を中心に計画を立てることが重要と判断しました。我が家では算数の難関中対策Webｅｂ講座（コベツバという教材のトップガン特訓という講座）をひたすら頑張ったのですが、ここは難問対策ではなく簡単な内容の総復習にしても構わないと思いますし、国語の演習としても構わないと思います。いずれにしても比較的長時間を要する学習計画に組み込まないと、学校を休むことで獲得した長い時間をダラダラと過ごしてしまうリスクが高くなってしまうと思うのです。

直前期の学習面の計画は、『何をしたらいいのか』だけではなく、『実現可能な長時間の学習プラン』という側面も同時に考えなくてはならないと思います。

□直前期の過ごし方（生活面）

生活面での最大のポイントはやはり睡眠にあると思います。これは勉強時間の確保より重要視していました。睡眠に対して最も意識したのは『睡眠負債を作らない』ということです。

生活面を支える親の立場として一つ忘れてはいけないことは、『試験本番前日は緊張でよく眠れない可能性がある』ということです。息子は緊張とは縁遠いタイプと思っていたのですが、それでも初めての入試本番（埼玉県の私立中学）の試験前日は緊張のためちょくちょく起きてしまったということがありました。

もし本命校の試験前日も寝不足になってしまったら？　そんなことを心配しました。少しくらい寝不足になっても当日は緊張感などから集中して試験を受けることができるかもしれません。しかし、そもそもが寝不足だと頭がしっかり働かなくなるといいますし、考えすぎかもしれませんがそれ以外の悪影響もたくさん想定できます。『弁当後に眠くなりやすい（開成の試験本番は弁当を挟みます）』『午後受験の時に疲労が溜まっている』『二日目以降の体力に影響する』。そういったことを考えると、仮に試験当日に少しくらい睡眠不足になったとしても十分に戦える状態にしておきたいと考えていました。

なお、睡眠の戦略としては『朝方にシフトする』という基本的戦略は意識すべきだと思います。我が家も一月の後半くらいからは30分ずつ程度寝る時間を早めて朝方へのシフトをさせておりました。ただ、この時の注意点もやはり睡眠負債を作らないだけの十分な睡眠時間を取らせることだと思います。『起きる時間を調整することで朝方にシフトさせる』だけでは不十分。しっかりと就寝時間も起床予定時間と同じだけ早くシフトさせて、睡眠時間の確保をすることが肝要です。我が家では仮に息子が「もっと勉強をしたい」と意欲を燃やしていたとしても、睡眠時間の確保と朝方へのシフトの両立は絶対のルールとして徹底させておりました。

□父親の接し方①〜直接関わらないケース〜

中学受験の世界では母親のほうが積極的に関わるケースが多いかと思います。少なくとも私の周りでは、父親が受験に協力的なケースは少なかったように感じます。父親が中学受験に協力的でない理由はそれぞれかとは思いますが、せめて受験に一生懸命になっている母子を見守ってほしいと考えています。

『親子の受験』と呼ばれる中学受験の世界に浸かって心底感じたことは、『中学受験は親子で同じ目標に向かって頑張れる最初で最後のチャンス』ということです。小学受験は『親の受験』と呼ばれますし、高校受験・大学受験にまで親が介入していくと過保護と言われてしまうケースも少なくないと思います。一方で中学受験は親子が同じ目標に向かって手を携えて進むことが可能です（親子間の意識のバランス調整はもちろん必要ですが）。

受験以外に目を向けても、親子で一緒に目標に向かって何かを成し遂げようと努力をする機会は極めて少ないのではないでしょうか。子供は中学生になると、思春期を迎えて自我が芽生え始めます。そうなると当然に子供の周りには友人達が集まり、親の入り込む余地はどんどん少なくなってきます。結果中学生以降、親は夢を追いかける子供に対しては見守ることが中心となってくるので、一緒に夢を追いかける機会は極めて少なくなってきます。

もし中学受験に協力的でないお父様が本書をお読みくださっていたのなら（ありえない気もしますが……）、まずは奥様がお子さまと『同じ目標を一緒に追いかける最初で最後のチャンス』に取り掛かっていることを理解してほしいと思います。中学受験に理解するしないとは別として、親子の絆を深めるための大切な時間を過ごしていると認識してほしいのです。『中学受験の理解』ではなく『親子の絆を深める時間に対する理解』と認識を変えることができれば、受験勉強を伴走する奥様に対して協力的になる必要性を感じることができるのではないでしょうか。

中学受験に協力的でない父親の中には『自分は社会的にも成功をしていて、経済的にも家庭を支えているという自負がある』という方もいらっしゃることでしょう。しかし、子供にとっては今の生活水準は『当たり前のもの』になっているはずです。また、どんなに社会的に素晴らしい評価を得ている方であっても、子供にとっては目の前にいる父親の姿がすべてと映るはずです。子供と顔を合わせられないくらいに忙しいのであれば、子供の目には「お父さんは仕事で頑張っているからいつも会えない」と映るのでしょうが、休日くらいはゆっくりしたいと思って気を抜いていると「お父さんは家ではただの人」と映ってしまう可能性があると思います。これはこれで問題ないと思うのですが、母子が休み返上で受験勉強に打ち込んでいると「お父さんは家ではダラダラしていて、家庭には非協力的な人」と映ってしまう可能性があるように思います。もちろん仕事で疲れているので休日くらいはゆっくりしたい気持ちも理解できます。でも普段頑張るお父さんだからこそ家では感謝の対象であってほしいのです。

そのために少しでも『中学受験を通じて親子の絆を深めている母子を理解』した上で、母子を支える努力をしてほしいと感じています。

□父親の接し方②～直接関わるケース～

中学受験に父親が関わるケース。我が家の場合はこちらのケースに該当します。私が父親として強く意識をしたのは受験生本人・塾・家庭の役割分担です。当然受験生本人の役割は『主人公』です。そして塾は『指導者』、家庭は『サポーター』です。つまり、父親が参加する場合は『サポーター』としてどう接していくかを考えることがメインとなると思うのです（我が家では母親が生活面をサポートし、父親が学習面をサポートするようにしていました）。

しかし、周りの話を聞く限り、父親が中学受験に参入をする際に『指導者』の役割を担おうとするケースが多くあるように思えます。塾なしで中学受験に臨むのであればそれで問題はないと思いますが、通塾を前提とすると父親が指導者として参入することは『船頭多くして……』の状態になる危険性があると考えました。

勝手な予想ではありますが、中学受験生を持つ父親は社会に出て管理職に就いているケースが多いように思えます。管理職に就いていなくても、『理想の管理職像』を思い描いているケースは少なくないと思います。そして、その管理職としての手腕や理想像を中学受験に持ち込んでいるケースが、『父親が指導者として中学受験に参入しているケース』なのだと思うのです。

よく『ＰＤＣＡ父さん』『エクセル父さん』という言葉を耳にします。ＰＤＣＡ（ＰＬＡＮ・ＤＯ・ＣＨＥＣＫ・ＡＣＴＩＯＮ）や中学受験におけるエクセル使用は必ずしも悪いものではないと思います。問題となるのはそれらをサポーターとしてではなく、指導者として使用している場合なのではないでしょうか。

例えば学習計画（ＰＬＡＮ）は学習塾が立てています。そしてそれを実行する（ＤＯ）のは受験生本人です。学習計画の進捗状況を確認（ＣＨＥＣＫ）することはサポーターである親が介入してもあまり問題ないように思えますが、学習計画（ＰＬＡＮ）に関与することは、船頭が多くなる可能性が高くなるのでオススメしません。具体的を挙げてご説明したいと思います。

『今、塾では歴史分野を学んでいる。このタイミングで地理分野の復習を同時進行させることができれば有利になれる。また試験範囲のない模試や組分けテストでアドバンテージを取れる！』と考えて、地理分野の復習を同時並行させるプランを立ててしまう。こんな例は少なくないように思えます。しかし、これでは学習計画を立てる主体が塾と親の二者となってしまい船頭が多くなってしまっている状態です。もし地理分野の学習が『現在の塾の授業内容の復習を十分に行った上で余裕がある』という前提の中で行われていれば何も問題はないのでしょうが、そのような特別な状況でない限り船が山に登っているように感じます。塾の計画は完成されたものとなります。信じてついていけば、しっかりと地理分野の復習をする時期はやってくるはずです。もし授業計画的にその機会が見込めないのであれば、親が学習計画を立てるよりも塾に相談を行うべきだと考えていました。

一方で『時間的余裕があるから塾以外の勉強をしたい』『塾の授業についていくことができないから、授業についていけるレベルまで自宅で弱点強化をしたい』といった個別の事情がある場合は、親のＰＤＣＡを併用しても問題ない気がしています。本書でご紹介したＮＧ項目に触れないような形でサポートをしてみてはいかがでしょうか。

エクセル管理についても基本的にはサポーターとして行うことが重要だと考えます。厳格すぎる時間管理などは、サポートの枠組みを超えている気がします。ただし、エクセルは効率的な学習をする際に非常に使い勝手がいいのもまた事実です。『エクセル父さん』などと揶揄されることもありますが、適切な範囲で使うことはむしろオススメしたいくらいです。

いずれにせよ、ビジネスの世界で通用する流儀は、必ずしも中学受験サポートの世界で通じる訳ではないことを認識することがスタートだと思います。

…第四章…

我が家の勉強法

この章では具体的な勉強方法について、いくつかご紹介させていただきます。中学受験をサポートする親としては、やはりサポートするノウハウだけでなく、具体的な勉強方法についても関心をお持ちのことと思います。実際に私に相談をくださった多くの方々も、サポート方法ではなく勉強方法についての内容がほとんどでした。

勉強方法については『通塾している塾に従う』というのが基本原則ですが、家庭学習に取り組む際の姿勢については同じ教材であっても千差万別だと思います。

そこで我が家が行ってきた家庭学習についての考え方や方法について、一部ご紹介したいと思います。具体的には御三家レベルでも得点源となり得た算数と、およそ1年間で偏差値を約20上げることに成功した国語についての質問が多く寄せられていましたので、その二科目を中心にご説明いたします。

□算数の学習①〜タイムアタック〜

息子は小学六年生の頃から自宅で算数の問題を行う際は、決まってストップウォッチを使用して時間を計っていました。目的はゲーム感覚で勉強をすることで集中力を高めた状態で課題に取り組むことです。

算数の勉強風景はこのような感じでした。


「お父さん、算数やるから時間計って！」

「オッケー！　じゃあ基本問題は何分でやる？」

「何分でやってほしい？」　※一応聞いてくる
「ん〜……じゃあ5分！」

（問題文をザッと見て）

「いや、3分でできる！」

「よし！　じゃ3分で！」

そんな感じで父親はストップウォッチで時間を計り始めます。タイマーでもよかったのですが、タイマーだと強制的にアラーム音で思考が停止されてしまうので、あえてストップウォッチを使用していました。

しかし、しばしばこんな茶番劇も行われます。


（目標時間を3分としている時）

「お父さん、何分経った？」

「2分50秒！」

「時を止めよう♪」

そういって父親の持っているストップウォッチを奪い、強制的にストップウォッチを止めてしまいます。そして問題が解き終わると同時に時（ストップウォッチ）は動き出し……。

「時間制限内にできた♪」

としばしば不正行為が行われていました。

不正行為と表現しましたが、目標としていた制限時間はあくまで自主目標なので、もちろんただの会話のネタ。こういった遊び感覚が、楽しく勉強を進めることができた一つの要因だったように思います。

なお、算数のタイムアタックは、ゲーム感覚を持たせることで集中力をアップさせるという当初の目的以上の効果をもたらしました。それは『時間の感覚』です。

本書をお読みになられている方のお子さまの中には、試験終了5分前と聞いたら焦ってしまうという方がいらっしゃるのではないでしょうか。残り5分では手を付けてない問題に取り掛かるのは解き切れるかわからないから不安。しかしながら解答済みの問題を見直すにも見直す技術が備わっていない。そうなってくると試験のラスト5分はなんとも微妙な時間になってしまう可能性が高くなるのだと思います。

しかし、息子はそのようなことはほとんどなかったのだと言います。その大きな理由の一つが今回ご紹介した『制限時間を自分で設定した上でのタイムアタック』です。

例えばサピックスの演習問題は5段階のレベル別となっていました（A～E）。それぞれのレベルの問題数は、簡単なレベル（A～C）だと4題程度で、それ以上のレベルだと2～3題くらいとなっています。息子は簡単なレベルの問題であれば、そのレベルの問題すべてを3～5分程度で解けると自己申告をし、そして見事に解き切っていました（ただし先に挙げた不正はたまにあります）。親の立場からすると問題文を読んでいるだけで制限時間が来てしまうのではと不安に思っていましたが、それでも本人はザッと問題文を見れば大体何分くらいで解き切れるかを肌感覚としてどんどん養っていったのです。そのため試験時間が残り5分となったとしても、自分の能力であれば5分でどれだけの問題と向き合うことができるのかを十分に認識できる状態に仕上がっていたので、焦る必要性は比較的少なかったのだと思います。

算数の基礎がある程度固まってきたのであれば、このようなタイムアタックを交えた勉強方法は、いろいろな効果が得られるように思いますので、大変お勧めな勉強方法だと考えております。

□算数の学習②～途中式は雑で構わない～

一般的に算数の途中式は丁寧に書くことが推奨されていますが、我が家では雑でも構わないというスタンスを取っていました。中学以降の数学であれば立式をするだけでかなり正解に近づいたり、またその後のヒントになったりするので途中式を丁寧に書くのは必要かと思いますが、算数においては必ずしも丁寧に書く必要はないと考えていました。

以下に理由や例外、そして途中式を丁寧に書かないことに対する懸念事項に対する回答を記しておきたいと思います。

【理由】頭の回転が遅くなる

頭が高速回転をしていると自然に手元も高速で動くと思います。それにもかかわらず途中式などを丁寧に書いてしまうと手元がゆっくりとなり、結果連動して頭の回転速度が落ちてしまう気がしていました。算数が得意なのであれば頭をフル回転させてガンガン問題を処理していくことに快感を覚えているケースも多いと思うので、途中式を丁寧に書くことでその快感を損なわせるのは正直疑問が残ります（息子は同意していました）。

【例外】頭が高速回転しない問題（難問等）

手が付けられない難問などにおいては、いったん頭を整理させるためにも条件の整理や途中式を丁寧に書くことは非常に有効だと思います。途中式を雑でも構わないとした根拠は、頭の回転と手のスピードを連動させることにあると考えていたので、『頭が高速回転していないのであれば、手元も低速で問題ない』と言い換えることができます。

【懸念①計算ミスに気付かない？】

計算式を丁寧に書いておけば、見直しの時にどこでミスしたかを気付き易いとの考え方もあります。確かにその通りです。しかし、見直しの時にミスに気付くレベルにまで計算式を書けるようになるのは難しい気がしています。少なくとも息子はその領域に到達するのは不可能な状況でした。また、仮に書けるようになったとしても頭が高速回転をしている状態なら、ある程度雑になることは許容してもいい気がしています。

【懸念②ミスが多発するのでは？】

ミスの要因は途中式が雑だということ以外にある場合も多いと思います。『転記ミス』『求められているものと違う答えを出した』『問題文を読み間違えた』。こういったケースは計算式の丁寧さとは基本的には別問題だと思います。しっかりとミスの傾向別対策を講じましょう。

ただし計算式が雑になることでミスに繋がるケースも少なからずあるので、最低限の注意はする必要があります。

我が家で特に注意していたのは

✓判別できない字をあらかじめ認識しておく

息子は字が雑だったので4・7・9の判別が困難でした。そのため、その数字だけは意識して書くように注意していました。

✓筆算の際は左右に余白を作る

筆算をする場合、掛け算は左側に伸びていき、割り算は右側に伸びていきます。しかし、割り算と掛け算で使い分けるのは混乱をしそうなので『計算スペースは左右に余白を作る』とシンプルなルールを設けていました。
ルールは家庭ごとにそれぞれだと思いますが、お子さまのミスの傾向をある程度把握できる状態であれば、その傾向ごとの対策を具体的に立てることが重要だと思います。

【懸念③途中式を求められる学校では？】

自分は塾講師ではないのですべての学校に共通した意見までは書けませんが、過度に意識する必要はないと思います。例えば息子は計算過程が求められる学校として開成・巣鴨（算数選抜）に合格しておりますが、計算式はグチャグチャです。

なお、通塾先の講師にも途中式のことを相談したことがありますが、部分点は「正解の直前まで行けた場合にのみにもらえるものであり、『(数学での立式のように) 途中までの方向性が正しかったことを示しただけでは到底もらえるものではない』ので、過度な意識の必要はない」とアドバイスを受けました。また多少雑な計算過程であっても、採点者側はどこまで理解しているかはある程度わかるとも話していました。
そのため途中式を求められる学校を志望する場合においては、一律『途中式を丁寧に書く』とするのではなく、塾の講師に直接相談に行くことが必要だと思います。

おそらく今回のように『途中式は雑でもオッケー』と堂々と言う講師は少ないと思います。理由は『万人に言える内容ではない』ということが大きいと思います。算数に苦手意識を持つお子さまは、先に挙げた『頭が高速回転できていない状態』にあるので、計算式を丁寧に書くことは大変に効果があると思います。そういった生徒に対して無責任に『計算式は雑でも構わないから、正解に向かって全力で進んでください』と指導してしまうと、結果が伴わなかった時に講師の信頼が失われてしまうリスクが高いので万人向けに言うことができないのだと思うのです。

そういうわけでまとめると、『算数が得意な人は計算式は少々雑でもオッケーなので、頭が高速回転しているなら全力で正解に向かって突き進みましょう！　ただし最低限のミス対策は忘れずに！　高速回転をしていない時はじっくり丁寧にが大原則！』となります。

□算数の学習③〜着眼点の確認〜

算数の学習においては『算数は暗記科目か？　考える科目か？』といった論争をよく聞きます。個人の考えとなりますが、私は『着眼点と基本解法を暗記し、それらをどう使うかを考える科目』と位置づけていました。言われてみれば当たり前の話となりますが、意識的にそれを理解することは非常に重要だと思います。

基本解法を暗記することは比較的わかりやすいと思います。面積図を使った解法であったり天秤図を使った解法であったり。計算問題における最低限の記憶事項（20までの平方数であったり8分の1などを少数に変換した数など）も記憶しておかないと話になりません。そういった暗記は算数を戦う際の『最低限の武器を得ること』であるので、まずは確実に身につけないといけません。

少々蛇足とはなりますが、この最低限の武器を軽視している可能性を疑う発言をしばしば耳にします。それは「今回の模試、最初の計算問題から間違えた」という発言です。受験塾が出題する計算問題は、単純な計算能力を問うものもあれば計算上の技術（工夫・テクニック）を理解しているかを問う問題もあります。そのことを理解していれば、最初の計算問題の間違いに対しては、「計算で必要なテクニックを理解していないのでは？」と不安になるはずだと思うのです。計算問題でミスが発生した時は、ケアレスミスなのか必要な武器が備わっていなかったのかを確認する必要があることを理解しなくてはいけません。

話を元に戻します。基本解法の暗記は算数を戦うための『最低限の武器を得ること』と致しました。そしてもう一つのポイントである着眼点の暗記は、『武器の使用方法を理解すること』というイメージです。

例えば解けなかった問題の解説を聞くと『解説を聞けばわかる』という状態がほとんどだと思います。これは「そこに補助線を引けばあとは簡単なのはわかる。ただそこに補助線を引くことが思いつかないんだ！」という状態であると思うのです。つまり着眼点（そこに補助線を引くことに気付くきっかけ）がわかれば、あとはマスターしている基礎技術で正解に向かうことができる状態ということです。

では着眼点を暗記するためにはどうしたらいいか。これはなかなか難しいのですが、我が家ではちょくちょく「その解法を思いつくきっかけやポイントを自分なりに考えて記憶しておけよ！」と声かけをしておりました。

具体例を挙げます。

『マス目の上に図形があったら45度の倍数を意識する（マス目の角を利用して補助線を引いた場合には、整数では原則45度の倍数の角度が作れるから）』といった解法の場合は、『マス目の上に図形がある』が着眼点です。『正方形や長方形を折った時には、同じ角度ができる・平行関係にある二直線も折ると同時に移動する（錯角や同位角が使いやすい）・二等辺三角形が作りやすい』といった場合は、『正方形や長方形を折っている』が着眼点です。至極当たり前のことを言っているのかもしれませんが、このことを意識できるか否かは成績の伸びに大きな影響を与えると思います。

なぜなら着眼点をどんどん記憶しておけば、見ただけでは正解への道筋が描けないような問題だとしても、「着眼点がいくつかあるから、それを対処していけば道筋が立てられるのでは？」と想像できるようになるからです。そして着眼点がすぐに使えないようであれば、どのようにすれば自分が理解している着眼点・解法が使えるようになるかを考える。その繰り返しこそが算数の実力を伸ばすコツだと思っていました。

問題が解けなかった時、

「解法をちゃんと理解しておけよ！」

と声かけをするだけではなく、

「なぜその解法を使うのか、ポイントを自分なりに考えておけよ!」

といった着眼点を考える癖をつけさせるのは非常に重要なことだと思います。

□国語の学習法①～全体像を意識する～

息子は国語が大の苦手でした。小学五年生の時点では偏差値30台を連発し、日常会話に支障をきたすレベルの語彙力しか持ち合わせていなかったので大変に苦労をしました。そこで我が家では父親が国語の勉強のサポートに入り、一年弱で偏差値を20近く上げることに成功。何とか御三家の問題であっても、足を引っ張らないレベルにまで実力をつけることができました。

このような経験から、私はしばしばどのように国語の指導をしたのかを質問されるようになりました。そこで、ここでは我が家がどのような考えのもとで指導に当たっていたのかについて触れていこうと思います。

まず勉強する内容をイメージするために国語の全体感を捉えます。段階的に考えてみると受験国語は以下の五つに分かれていると考えていました。

①背景の理解（時代背景・常識等）
②語彙力

③一文を読む力
④文章を読む力
⑤問題を解く力

そしてこれらを学習する場所で区分してみます。

【塾でしっかり教えてもらえるもの】

④文章を読む力
⑤問題を解く力

【塾でも教えてくれるが生活環境や家庭学習が大きく関わるもの】

①背景（時代背景・常識等）
②語彙力

【勉強をする機会が比較的少ないもの】

③一文を読む力

このように分解して考えてみると、①～③については状況によっては家庭でのサポートも大切になってくると思います。例えば①の時代背景や常識等の理解について。小さい頃から読書や大人との会話によって様々な考え方に触れているお子さまは、それだけで文章問題に有利だと思います。嫁姑問題。結婚相手や職業などを自分では選ぶことができない時代について。複雑な家庭環境におかれた子供の心情。貧困時代を乗り越えた人たちの苦労。こういった内容の文章に触れる場合は、事前にその状況をイメージできたほうが有利なのは当たり前だと思うのです。だから塾とは別に読書を進めたり、親子間での会話を増やしたり、祖父母がいるなら昔の思い出話をしてもらうのも有益だと思うのです。

②の語彙力についても、場合によっては塾とは別に家庭学習が必要になるケースはあると思います。やはり語彙についても生活環境や読書量などによってかなり知識量に違いが出てくるものなので、必要に応じて家庭での取り組みが求められると考えておりました。なお、我が家の語彙力アップの方法は第三章の【勉強がはかどらない時のサポート】にて紹介済みなので、ご参考いただければと思います。

そして③の一文を読む力。これは非常に陥りやすい落とし穴だと思います。例えばお子さまは、算数など他教科の問題を解く際に『設問の意味がわからない』となってしまうケースはないでしょうか。もしそうだとすると、一文を理解する能力が欠けている可能性がある気がしています。息子もまさにこの状態でした。

日本語にしても英語にしても、語学は一つの文が複雑となるケースがあります。主語・述語関係が複数に入り込んでいる文章や、修飾語が多く入り込んでいる文章、長めの比喩表現が使われてしまっている文章などは一つの文でも読みづらくなってしまいます。英語学習の場合だと長文読解とは別に『英文解釈』『英語構文』という学習が組まれるケースもあるのですが、残念ながら日本語ではそのような学習を行う機会は大変少なくなっております。中学受験レベルの文章では一文理解のための勉強をせずとも読めるものがほとんどだとは思いますので、受験塾が本腰を入れてそれを教えてくれることを期待するのは非現実的な気もします。だからこそ一文理解が弱いと感じているお子さまに対しては、家庭で弱点強化をする必要があるように考えているのです。

国語の成績に悩んでいるのであれば、一度一文を理解できているかを確認してみてはいかがでしょう。そして一文理解に危うさを感じるようでありましたら、弱点強化ができそうな参考書を調べてみるのもありなのかもしれません。

④文章を読む力と⑤問題を解く力については、基本的には通っている学習塾のノウハウに従うのがベストかと思います。しかし現実問題として通塾しているにも関わらず成績が上がらないケースもあります。その場合はある程度家庭で対策を講じる必要があると考えているのですが、それについてはこの後触れていきたいと思います。

受験国語（読解）の全体像

⑤問題を解く力	塾メインで学習
④文章を読む力	
③一文を読む力	学習する機会が比較的少ない
②語彙力	塾でも学習 家庭環境・家庭学習も大きく影響
①背景の理解（時代背景・常識等）	

～こういったときは『③一文を読む力』が足りていない可能性に注意～

✔算数などの問題文の意味がわからない

✔難しい語彙がないのに１～２文で構成される文章の意味が取れない

もしそうなら…

- ・主語／述語関係が複数ある文
- ・修飾語が複数ある文
- ・長い比喩表現のある文

➡これらの文の理解を確認!!

□国語の学習法②～文章を読む力を養う～

文章の読み方については基本的に通っている塾のノウハウに従うのがベストだと思います。しかし残念ながら、そのノウハウを使って文章を読めていないケースはかなり多くあると思っています。日本語は勉強をしなくても読むことだけなら誰でもできてしまうので、『正しい読み方』を学んだところで自身の読み方の癖を直すのはかなり難しいものだと思います。例えるなら走り方を修正するようなもので、意識しないとすぐに我流の走り方に戻ってしまいます。そしてもっと厄介なのは、『正しい読み方に修正しようとしているかは他人の目からはわかりづらい』ということだと思います。要は正しい読み方を習ったところで、それを身につけるための訓練がちゃんと行われているかどうかは、よほど意識しない限り他人にはわからないということです。

そのため塾のカリキュラムに沿って頑張っているのに成績が上がらない場合は、お子さまの癖を理解し、そのうえで正しい読み方ができているかを定期的にチェックする必要があると思っていました。個別指導塾や家庭教師をつけるのも一つの方法ですが、結構な予算がかかる割には当たりはずれの多い世界なので、それも少しギャンブル的な要素が強いように思います。

信頼できる個別指導塾や家庭教師を見つけることができれば問題はないのでしょうが、それが難しいようでしたら親が指導することになると思います。しかし親も指導者としては素人であるため、指導するにはそれなりに勉強をしないと危険です。例えばＳＮＳ上で『本文を徹底的に解体する』とすべての指示語や接続詞に印をつけながら解説していると、実際の写真付きで投稿している方を見た記憶があります。私も素人なのでその方法の良し悪しを判断できる力はありませんが、個人的な感想としてはかえって混乱をきたす指導方法と感じていました。

　すべての指示語や接続詞に印をつける指導は一〜二回試す程度なら問題ないかもしれませんが、やりすぎてしまうと文章の強弱が掴みづらくなると思います。文章の原則は『形式段落一段落につき言いたいことは一つ』であり、その形式段落の塊により意味段落が構成されるはずです。つまりは一つの形式段落と接する際は、『その形式段落で言いたいことは何か（主に形式段落の最後であったり、まとめ言葉の直後に要約されていることが多い）』と『その形式段落の意味段落上での立ち位置はどうなっているか（類比・対比・因果関係・具体例など／主に最初の文章の接続詞などでわかることが多い）』などをしっかり追うことが大切になるのですが、すべての指示語や接続詞を追ってしまうと、そういった強弱に意識が届きづらくなってしまう訳です。

　このように考えてみると、本文中に印をつけるべき箇所が少しずつ見えてくるはずです。やみくもにすべての指示語や接続詞にマークすることはせず、段落を意識した適切な印のつけ方をマスターすべく、まずはお子さまの読み方の癖を理解した上で親も指導方法を学ぶべきであります。

では親が指導方法を学ぶ際には何を意識したらいいのか。最も重要になるのは『教え過ぎないようにするため、伝える情報を絞ること』だと考えておりました。教える内容を絞る理由は、親が教える方法が塾で教えている方法と異なると子供が混乱する可能性があるため、必要以上にノウハウを伝えることは危険と考えていたからです。子供と一緒に問題を解いてみて可能な限り修正すべきポイントを絞り、そこに対処する方法をピンポイントで教える程度が家庭における適切な指導量なのではないでしょうか。

ここで役に立ったのが『中学受験国語 文章読解の鉄則』（井上秀和著：エール出版社）です。本書は中学受験の国語に対し『読み方の鉄則』『解き方の鉄則』を細かくルール化している内容となっております。使用方法は塾のノウハウと異なる可能性があるため、息子が苦手と思われる箇所のみをピックアップして弱点補強を実行するという方法でした（そのため同書のほとんどは未使用でした）。有名な本を使うことで、子供としても『親のノウハウ』ではなく『有名講師のノウハウ』とインプットされるので、記憶にも残りやすいと判断しました。

こうやって少しずつ弱点を補強していき、最終的には通っている塾の授業についていけるだけの実力に何とかたどりついてくれました。

□国語の学習法③～解き方を育む～

続いて解き方です。解き方についても通っている塾のノウハウが基本ですが、成績が伸びない場合はしっかりとしたサポートが必要と考えていました。

個人的によくあると思っていた間違いは、『まずは選択肢問題をマスターしてから記述問題をマスターする』という認識です。正直これは逆だと思います。簡単な問題なのであればその順番でもいいのかもしれませんが、中堅校以上の学校になってくると選択肢問題の選択肢には所謂『ひっかけ』が入ってくる可能性が高まります。そのため中途半端なレベルではひっかけの選択肢に誘導されてしまい、正解にたどりつけないリスクが高まるのです。一方で記述問題であればある程度の技術を持っていれば最低限の対応は可能となってきます。また選択肢問題における『正解を選ぶ力』と『不正解を消去していく力（消去法）』は別物です。『正解を選ぶ力』は選択肢を見ずとも『記述問題として解答するならどのような内容を書くか』から入るものなので、選択肢問題の解答力の前提に記述力があることになるのです。

【記述問題の学習について】

記述力をつけるにあたっては『中学受験国語 記述問題の徹底攻略』（若杉朋哉著：エール出版社）が大変役に立ちました。本書は教師の若杉先生と生徒のトモヤ君との掛け合いの中で話が進んでいきます。

秀逸だったのはトモヤ君の間違え方や疑問点などの部分であります。我が家では父親が指導する際に本書を使用したわけですが、使用方法は父親が若杉先生の箇所と本文を音読し、息子が生徒であるトモヤくんの箇所を音読する形式で進めていきました。息子は事あるごとにトモヤ君の発言内容に共感！　そのため本書は『素晴らしいノウハウが書かれているだけでなく、国語が苦手な小学生の気持ちを理解している良書』と映ったのです。

また本書は記述問題の解き方だけではなく、『読みやすい文章の書き方』についても触れているので大変にありがたい内容となっております。本書を始める前は何を書いているか意味不明だった息子の文章ですが、本書をやり遂げたあとは少なくとも第三者が読んでも理解できる程度までには進化を遂げました。結果息子の記述力は数か月でかなり上昇。五年生の時は偏差値35だった息子が塾の開成クラスで上位に食い込むことすらあったほどです（平均すると開成クラスの中位くらいです）。

しかし、一度上昇した国語の偏差値は小六の秋口に下降傾向に転じてしまいました。その時に息子の記述内容を見てみたのですが、せっかく慣れてきた正しい記述の方法が徐々に我流へと戻ってきてしまっていたのです。そこで我が家では『中学受験国語 記述問題の徹底攻略 基礎演習編』（若杉朋哉著：エール出版社）に取り組みました。本書は極めて短い本文に対する記述問題を集めた演習問題集です。我が家では父親と息子が同時に本書に取り組み、互いに採点をし合う方法で学習を行いました。これにより息子は初めて他人の記述を添削する経験を積むこととなり、より多角的に記述について考えるようになっていったのです。

こうして息子の記述力は再び上昇。何とか開成でも戦えるだけの記述力をマスターしていきました。

【選択肢問題について】

選択肢問題については、文節ごとにスラッシュを引き、〇△×印をつけていく方法などの解法が有名です。おそらく一つ一つの選択肢を吟味する際には大変有効な方法なのですが、時間制限の厳しい学校であったり、選択肢自体が長い文章となっている学校の場合だとその手法を丁寧にやってしまうと時間切れを招くケースもあろうかと思います。

また先に挙げた通り、選択肢問題の選択肢にはひっかけが混じっている可能性もあるので、その対策もしていきたいところでもあると思います。

そこで我が家では息子と『出題者はどうやってひっかけの選択肢を作るか』という議論を一度交わしてみました。要は出題者の手口を想像してみようとしたのです。我が家ではその話し合いで三つの代表的なひっかけ手法があると結論付けました。ここではそのひっかけ手法について説明してみようと思います。

①言い過ぎ

代表的なひっかけの手口です。選択肢に『すべての』『確実に』『例外なく』といった言葉が入っていたら誤りの選択肢である可能性が高いというものです。これは多くの方が認識している内容なので、ここでの説明は不要かと思います。

②あべこべ

これは選択肢に本文中のキーワードが入っているのですが、その使用方法が正しくないという選択肢です。受験生にとっては選択肢に複数のキーワードが入っているので、ついつい正解としてしまいたくなってしまいます。例えば以下のような選択肢があったらどうでしょう。

（ア）日本で最も歴史の長い政党である与党の共産党は、最も議席数の多い最大野党である自由民主党の政策を痛烈に批判した

受験生にとっては難しい言葉が複数入り込んでいます。そして「最も歴史が長い政党は共産党と書いてあった」「最も議席数を獲得しているのは自由民主党と書いてあった」「本文中のキーワードが複数入っているし、使い方も良さそうだから正しい選択肢なのではないか？」と考えてしまいます。しかし残念ながら与党と野党の言葉があべこべに使われているので明確に不正解の選択肢となってしまうのです。

ここで受験生側としては、『キーワードが複数含まれている選択肢は、使い方があべこべになっている可能性が高いからいつも以上に注意が必要』としないといけないわけです。そうしないと「キーワードがあるから」と不用意に不正解の選択肢に飛びついてしまう。そしてひっかけ問題にひっかかる結果となりやすいと認識するようにしていました。

③それっぽい

選択肢の中に、倫理・道徳的に正しいと思われるものが忍び込んでいるケースを度々見受けま

す。例えば平和や努力の尊さ・環境に対する配慮の必要性といったものがそれです。こういった選択肢は倫理・道徳的に正しそうな内容なので、心情的には誤った選択肢として認識しづらいものになっております。しかしながら入試問題で問われているのは倫理道徳上で正しいと思われるものではなく、本文と照らし合わせて正しいものです。

受験生からすると、「この選択肢は凄く良いことを言っていてそれっぽいから、きっとこれが正解だ！　それに倫理的・道徳的に正しいことを間違えとするなんてありえないから絶対にこの選択肢でいいはずだ！」とひっかかってしまう可能性があるのです。そうならないように『それっぽい』選択肢はひっかけ問題の可能性があると認識した上で、選択肢の吟味に取り掛からないといけないわけです。

だから我が家では『言い過ぎ』『あべこべ』『それっぽい』という謎の呪文を度々繰り返し、出題者が出すであろう不正解を導くひっかけの選択肢を選ばないような努力をしておりました。

なお、この呪文には一つ続きがあります。それは『言い換えあったら正解かも？』です。

これは今までの『ひっかけの選択肢を判別する方法』ではなく、『正解を取りに行くための方法』です。受験国語ではキーワードなどを別の言葉で言い換えることは頻繁に行われます。この言い換えは本文中だけではなく、選択肢問題の選択肢にまで範囲を広げて行われることがあるため、受験生としてはその心構えが必要となります。

模試などで「正解とされている選択肢、なんかピントがぼやけていて、いまいちピンとこない」と感じたことはないでしょうか。これは選択肢の中に直接的なキーワードが入っていないから、少しぼやけて感じる現象だと思うのです。しかしながらその選択肢を「本文で言っていることの言い換えとなっていないか？」という視点で見てみると、意外にも言い換えとなっているケースが多いことに気付くと思います。

重要なのは『言い換えになっている』という事実よりも『言い換えとなっているため、直接的には本文で使用されているキーワードが含まれておらず、本文で言っていることと同一であることに気付きにくい』ということです。そのため、受験生としては「いまいちパッとしない選択肢があったら、もしかすると言い換えになっているかもしれないから気を付けよう」と構える必要があるのです。

これらを意識しなくても国語力があるお子さまは正しい選択肢を選べるのかもしれません。しかし、息子のように偏差値30台を連発するような受験生にとっては、このようなテクニック的なものも取り入れながらやっていかないと厳しいと思ったのです。

『言い過ぎ』『あべこべ』『それっぽい』『言い換えあったら正解かも？』

こういった怪しげな呪文を頭にしみこませるのも、選択肢問題の正答率を上げるためには有効なのかもしれません。

選択肢問題（ひっかけ問題・正解のパターン）

■選択肢には『ひっかけ』がある？➡『ひっかけ』のパターンを考える!!

①言い過ぎ

✔言い過ぎた表現（『すべての』『確実に』『例外なく』等）が含まれている選択肢

➡言い過ぎている部分以外が正しいからひっかけ

②あべこべ

✔本文中のキーワードの使用方法が間違えている選択肢

➡キーワードをあえて選択肢に入れて受験生を惑わすひっかけ

③それっぽい

✔倫理・道徳的に正しそうな選択肢

➡それっぽい内容なので選びたくなるが、本文とは無関係なのでひっかけ

■正解の選択肢を選びにくくさせる？

言い換えあったら正解かも!?

✔本文中のキーワードを違う表現に言い換えている選択肢

➡キーワードを入れないことで言い換えに気付かない受験生には選ばせない

□テストの解き直し

一般的に塾で実施されるクラス昇降を伴うテストや模試などを受ける際は、『解き直し』が最も重要だと説明されることは少なくないと思います。ただ、我が家ではこれについて少し疑問を持っていました。

例えばテストを受けた当日。自己採点の結果、得点率が55%だったとします。すると当然ですが、不正解率は45%と半分弱の問題を間違えていることになります。そしてこの45%の問題に取り組むべきかが問題になります。

残りの45%。それらはすべて理解すべき問題なのでしょうか。受験塾のクラス分けテストには受験生の実力を測るために超難問が含まれることは珍しくないので、すべてを理解する必要なんてないと思います。『正答率が高いものだけを選んで解き直しをする』との意見もよく聞きますが、正答率が公表されるのは試験が終わってから数日後のことです。正直忙しい受験生が数日前の問題に対して課題意識を持っているとは全く思えませんでした。

平均点にもよりますが、そもそも得点率が55%程度であるなら、その試験範囲の習熟度は低いものと考えなくてはいけないと思います。そして習熟度が低いのであれば、やるべきことは間違えた問題と向き合うことよりも試験範囲の総復習になると考えていました。試験直後で試験問題に対する記憶が新しいうちにテキストを見直す。そうすると自然とテストで出た問題は目に留まるので、解き直さずともある程度は目に触れることができるはずです。我が家ではテストの得点率が低い場合は、こういった振り返りを『短時間』で終わらせるようにしていました。

『短時間』を強調したのには理由があります。それは試験範囲のあるテストで得点率が低い場合は、『普段の学習スタイルに問題がある』ことを示しているため、テスト直し等に時間をかけるよりも、塾の平常授業・家庭学習の取り組み方を見つめ直すほうが重要であると考えていたからです。ＳＮＳを見ていると、たまに「テストが終わって一週間以上経つけど、まだテスト直しが終わっていない」と嘆いている発言を見かけますが、これはテスト直しに意識が行き過ぎてしまい現在進行形で行われている平常授業の大切さを見失いかけている事象のように感じています。

少し踏み込んでご説明しますと、この状態は、『平常授業の勉強スタイルが非効率・不十分↓試験範囲のあるテストでいい点数が取れない↓テスト直しに時間をかける↓平常授業の復習時間が奪われてしまいさらに平常授業に対する取り組みが非効率・不十分』と負のスパイラルに入っている状態だと思うのです。だからこのスパイラルを断ち切るために、平常授業に対する取り組み方を徹底的に見直す必要があると考えていました。

しかし難関校に合格した多くの生徒は「テストは解き直しが大切」といった発言をしています。私はこの発言は、優秀な人だからこその発言だと捉えていました。

例えば息子は算数が得意でした。テストを受けると得点率は90％前後となるケースが多かったです。すると間違えた問題はほんの数問程度となるので、不正解の問題すべての間違い直しに取り組んでも大して時間がかからない状態でした。そのため間違い直しをすることで塾の平常授業に支障をきたすことはまず考えられませんでした。つまり『テストは解き直しが大切』であったり『解き直しノートを作るべき』という意見は、『間違えた問題数が少ない人ならではのもの』と考えることも可能な気がしております。

これらを踏まえて息子のテストでの間違えとの向き合い方をご紹介いたします。

息子は算数が得意だったので、数問しかない不正解問題については全問真摯に向き合うようにしていました。理科・社会については、高得点の際は間違えた問題と真摯に向き合い、平均点前後くらいの際には試験範囲全体を見直すことに専念するなど、得点率によって取り組み姿勢を変えておりました。そして苦手な国語については試験問題を私が解説するようにしていました。

なお、息子は算数の間違いと向き合う際『解き直し』はほとんどしておらず、解説を見るだけのケースが非常に多かったです。私の個人の考えとしては『問題を解き切った経験』は非常に大切であり、解説を読んだだけでは力はつかないと考えていたのですが、息子は解説を読んだだけでもしっかりと解法をマスターしていることがほとんどでした。ただし、解説を読んだ後に「……これはもう一度やったほうがいいな……。」とボソッと呟いていたこともあったので、自分で『解き直しをするか』『解説を読むだけにするか』を判断していたようなのです。

解き直しにはどうしてもそれなりの時間が必要となってしまうので、家庭ごとに間違いとの向き合い方を考えることは、タイムマネジメントとして重要になってくると思います。テスト直しも確かに大切ですが、塾の平常授業が受験勉強の軸となるはずなので、それに悪影響を及ぼすプランは少々問題があると思います。

□弱点強化は危険!?

弱点の強化を最優先事項とする家庭は多いのではないでしょうか。しかし、安易に弱点強化に取り組むことは、実は危険な行為と考えていました。一言で表すならば、弱点強化は新たな弱点を生み出す可能性が高い行為であるということです。

まず、弱点・苦手分野ができてしまった理由を考える必要があると思います。もしその理由が『転塾などの理由で、そもそもその分野を習っていない』というなら問題はないのでしょうが、多くの場合は特別な理由はないのだと思います。これは『今までの学習スタイルでは、塾のペースから後れを取ってしまう』ということを意味しているはずです。試験範囲のあるテストで志望校の偏差値に届かない成績を取っているのであれば、日々志望校合格から遠ざかっているということです。つまり毎日弱点を生み続けている状態ということです。

もしこのような状態であるなら、最優先にやるべきことはその時点の弱点を強化することではなく、塾で習った内容を次の授業までに完璧（少なくとも志望校の偏差値が取れるレベル）にすることだと考えます。こうすることで『毎日弱点を生み出し続けている状態』からの脱却を図ることが大切だと思います。それを行わずに、現時点の苦手分野に手を出すということは、場合によっては日々の遅れをさらに大きくしてしまうことに繋がってしまいます。

　ものすごくシンプルにイメージをすると、毎日の塾の復習時間が1時間だと仮定します。この時、毎日の復習時間（1時間）に加えて30分程弱点強化の時間を作ったとします。しかし、これでは正直物足りないと思うのです。なぜなら『復習1時間では日々後れを取る状態』であるので、仮に現時点の弱点強化に成功したとしても、日々の学習の遅れが積み重なって、結果として数か月後には今とは違う弱点ができてしまっている可能性が高いからです。最悪なのは弱点強化を優先させるべく塾の復習時間を削ってしまうケースです（この例では毎日の復習時間を1時間未満とするケース）。この場合は新たな弱点を加速度的に作っている状態なので、絶対に避けるべき戦略だと考えていました。

　そのためこのケースでは、まず毎日の塾の復習時間を1時間30分に伸ばして新たな弱点を生み出さないようにスケジュールを組みます。その上で、弱点強化のための時間を捻出することが大切になってくると思うのです（もしくは復習方法を見直して1時間で十分な効果が得られる工夫をした上で、弱点強化の時間を作る）。すると勉強時間は（弱点強化を30分した場合）1時間も増えてしまうので、実現不可能な水準となってしまうかもしれません。もしそうなのであれば、優先すべきは弱点強化ではなく毎日の塾の復習強化とするのが原則だと思います。

ただし偏差値が30台となっているような科目は、例外的に弱点強化を最優先すべきと考えます。著しく偏差値が低い場合、塾の復習以前に塾の授業についていけていない可能性が高くなってきます。受験勉強の軸となる塾の授業についていけないのは明らかに赤信号。個別・家庭教師・親塾。なんでもいいので、早急に弱点強化を行う必要があると考えます。

例外はあるにせよ、基本スタンスは『弱点強化』ではなく『塾のペースについていくことで、新たな弱点を生み出さないための学習習慣の構築』だと思います。それができた上で弱点強化の時間を作り出すことが、負のスパイラルを断ち切るための大切な考え方となるのではないでしょうか。

安易に弱点強化に乗り出すのは少々危険だと思います。場合によっては通常の復習時間を増やした上でさらに弱点強化の時間を増やす考え方なので、かなり勉強が大変になるからです。しかし『これ以上弱点を作らない』『今ある弱点を克服する』を両立させる必要があるので楽ではないのは当たり前です。息子も弱点である国語力の強化を頑張りましたが、塾のペースについていく（小テストの高得点や試験範囲のあるテストにおいて、国語以外の偏差値が60程度は安定して取れる状態）ことを前提条件として勉強時間を作ることとしていました。非常に大変ではありましたが、この頑張りは逆転合格の大きな要因に繋がったのだと実感しております。

おわりに

中学受験は『親子の受験』と例えられることがあります。冷静に考えれば不思議な言葉なのではないでしょうか。直接受験をするわけではない親があたかも当事者のように扱われているのです。しかし、この言葉は中学受験の実情を的確に表している言葉だと感じています。

人生経験の少ない小学生は、程度の差こそあれ基本的には精神的に未熟です。未熟な状態にも関わらず激しい競争の世界に身を置き、戦い続けるのが中学受験の世界となります。当然子供一人で乗り切ることは困難となるでしょう。親のサポートが多かれ少なかれ必要不可欠になってくると思います。

本書では我が家でたまたまうまくいった親のサポート例を紹介させていただきました。もちろんどの家庭でも通用するような万能な方法ではないと承知しています。年齢相応より明らかに精神年齢の低いお子さま。早くに思春期を迎え、事あるごとに親に反抗をしてくるお子さま。ＡＤＨＤ（注意欠陥・多動症）等の発達障害があるお子さま。家庭環境が複雑で、親子間の会話時間を作ることが困難なご家庭。それぞれの家庭でそれぞれの課題と向き合っているのだと思います。本書の内容がそれらすべてのケースをカバーすることなどは当然できませんが、少しでも課題の向き合い方のヒントになればと思っております。

我が家の中学受験は、一般的には成功の部類に入るものかと思います。そしてその成功を勝ち取れた要因は、息子本人の頑張りとサピックスの先生方のご指導によるものです。サポートした我々夫婦の貢献なんて些細なものです。しかし、息子は「第一志望校合格は親のサポートがあってこそだった」と嬉しい言葉を残してくれました。三年程度の短い期間ではありましたが、親子で濃密な時間を過ごすことができて大変満足しております。

振り返ってみると親のサポートは楽しくもあり、苦労の連続でもありました。息子の想いを理解するため、息子のモチベーションを上げるため、息子の頑張りが報われるようにするために試行錯誤を繰り返しました。そのために営業マンとして培ったノウハウを子供に響きやすいようにアレンジを重ねました。コーチング、アンガーマネジメント、心理学などにも関心を寄せて息子のためのサポート方法を築いてきたつもりです。

中学生になり、息子は本格的に思春期に突入しました。また私のほうも子離れをして独り立ちを支えるよう親子の接し方を大きく変えました。当然親子の関わり方は受験生時代とは完全に異なり、私は新たに息子との関わり方を試行錯誤をする毎日です。やはり子育ては楽しいだけでなく非常に難しいと日々実感しております。

このように私自身まだまだ親として学ぶ事だらけの未熟な人間であります。しかし、中学受験のサポートという一つの大きなイベントについては、最高の道のりを歩むことができたのだと自負しております。『ほとんど喧嘩することなく』『第一志望合格を勝ち取り』『良好な親子関係が構築された』。これが我が家の中学受験の成果です。

本書ではこのような成果に繋がった我が家のノウハウを可能な限り記してきました。この内容が少しでも中学受験を頑張るご家庭のお役に立つことができれば、この上ない喜びであります。読者のみなさまの志望校合格と、一層良好な親子関係が構築されることを心よりお祈り申し上げます。

■著者プロフィール■

算数くんパパ

MENSA 会員・中学受験ブロガー。

コミュニケーションが大の苦手であったが、話法や心理学等を駆使して独自の営業ノウハウを確立。外資系企業で全国トップの営業成績をおさめる。

その営業ノウハウを中学受験サポートに使うため子供向けにアレンジ。二人三脚で息子を私立最難関中学の合格に導く。
※本書は MENSA の公式書籍ではありません。

『国語が苦手な算数くん～中学受験と開成生活～』
https://www.gosanke-support.com/

開成中学合格をサポート
成功に導く親の技術

＊定価はカバーに表示してあります。

2023 年 7 月 20 日　初版第 1 刷発行

著　者　算数くんパパ
編集人　清　水　智　則
発行所　エール出版社
〒 101-0052　東京都千代田区神田小川町 2-12
信愛ビル 4 F
e-mail : info@yell-books.com
電話　03(3291)0306
FAX　03(3291)0310
振替　00140 － 6 － 33914

ISBN978-4-7539-3551-2